组织忘却学习作用机制
及其能力提升研究

郭秋云　著

知识产权出版社

全国百佳图书出版单位

图书在版编目（CIP）数据

组织忘却学习作用机制及其能力提升研究 / 郭秋云 著 . —北京：知识产权出版社，2019.9

ISBN 978–7–5130–6463–7

Ⅰ . ①组… Ⅱ . ①郭… Ⅲ . ①组织管理学—研究 Ⅳ . ① C936

中国版本图书馆 CIP 数据核字（2019）第 191800 号

内容提要

随着技术变革的日新月异和知识内容的不断更新，在实践中获取的新知识不断变得陈旧、过时，甚至对组织发展产生阻碍作用。如何开展忘却学习，寻找忘却学习的作用路径成为学术界和企业界关注的焦点。本书从组织忘却学习的角度出发，分析和研究组织忘却学习如何对组织竞争优势获取的影响过程，进一步丰富和发展组织忘却学习的理论研究。

责任编辑：于晓菲 李 娟 责任印制：孙婷婷

组织忘却学习作用机制及其能力提升研究

ZUZHI WANGQUE XUEXI ZUOYONG JIZHI JI QI NENGLI TISHENG YANJIU

郭秋云 著

出版发行：知识产权出版社 有限责任公司		网 址：http：//www.ipph.cn	
电 话：010–82004826		http：//www.laichushu.com	
社 址：北京市海淀区气象路 50 号院		邮 编：100081	
责编电话：010–82000860 转 8363		责编邮箱：laichushu@cnipr.com	
发行电话：010–82000860 转 8101		发行传真：010–82000893	
印 刷：北京九州迅驰传媒文化有限公司		经 销：各大网上书店、新华书店及相关专业书店	
开 本：787mm×1092mm 1/16		印 张：12.25	
版 次：2019 年 9 月第 1 版		印 次：2019 年 9 月第 1 次印刷	
字 数：180 千字		定 价：68.00 元	

ISBN 978–7–5130–6463–7

前　言

在科技日新月异的今天，全球社会发展变革引发了人们对组织的变革产生的需求。在知识经济时代，知识信息已经成为一项重要的资源，亟待开发和利用，而现实中的组织或个体虽然认识到了这个问题，但是都不同程度地存在着不适应的情况。针对这一现状，彼得·圣吉提出了学习型组织的五项修炼，这五项修炼对正处于社会转型时期我国的组织变革的提升具有很强的吸引力。从知识经济学角度看，组织学习是知识经济条件下对组织成员个人知识资源的一种配置方式，是信息爆炸性与信息稀缺性矛盾的组织解决。当前，为获得竞争优势，组织如何辨别、收集、整合、分配组织内部个人与组织知识问题已经成为组织学习理论研究的焦点。

作为组织学习的重要分支的组织忘却学习研究已逐渐成为组织学习的新领域，成为理论界和实业界关注的问题，这是因为，在知识经济时代，组织在不断引入新知识的同时，新知识也不断地变成旧知识。这时候，组织是否能够获取竞争优势取决于组织是否能够有能力对旧知识及时忘却，改变现有的惯例和信念，并形成新的认识和新的行为模式，而且这是一个长期的需要全体员工参与的过程。在组织行为中，获取接收新知识比忘却旧惯例似乎更容易一些。而且许多学者研究发现组织忘却学习能够有效地提高组织的创新绩效，提高组织的创新能力。

无论是传统的制造业还是高科技行业都存在新旧知识更替的问题。在组织的发展中，管理者更多强调的是如何去获取新知识，但忽略了旧知识在组织中的阻碍作用。组织忘却学习能够打破参与者以往的认知规则和行为规则，使得新惯例能够与新环境相适应，并增强组织效能。这一过程暗含了参与者对新知识的"搜寻""选择""吸收""接纳"的过程，优胜劣汰能否实现受参与者主观因素及环境因素的影响很大。也就是说，组织忘却学习是所有参与主体在新环境下对新知识主动选择的结果，是新认知模式下产生的新行为的集合。

在动态化、差异化竞争激烈的环境下生存与发展必须保持创业导向，以便能时刻识别外在机会，并通过创新、战略更新等手段进行资源组合，从而构建长期竞争优势。创业导向强调的是"组织战略应当具备何种特征才能促使组织创业活动产生"这个核心问题。研究创业导向的意义在于通过探索什么样的创业过程、惯例与决策模式会促进或阻碍创业行为的发生，从而实现对创业活动的有效管理。创业导向可以应用于各种组织，强调现有组织基础上通过学习进行创新。有效的创业要求企业不仅要进行积极的知识吸收，还要及时对旧惯例、旧信念更新。组织内部无效的、陈旧的惯例和信念会束缚员工的思维模式和行为方式，对组织创新和超前行动无益。此外，创业导向对组织竞争优势的影响效应在不同环境条件下可能存在差异。环境动态性导致环境中元素间的关系变得更加复杂和模糊，会产生较高的不确定性。企业的创业行为如果是持续的，能够在不确定的环境中保持创业导向，坚持创新，超前行动和开展风险性活动，组织就能够获取竞争优势。环境不确定性越强，企业越能够不断采取创新、超前行动和承担风险的创业导向行为。

在相关研究的基础上，从组织忘却学习理论出发，分析组织忘却学习对组织竞争优势的促进作用，并引入创业导向，分析创业导向在忘却学习与竞争优势之间的中介作用。从环境角度出发，探索环境动态性对创业导向和竞争优势之间的调节作用；在此基础上，建立组织忘却学习能力评价指标体系和评价模型，提出提升组织忘却学习能力的策略。

目　录

第一章　绪　论 1

第二章　文献综述 11

　　第一节　组织忘却学习的相关研究 11

　　第二节　创业导向的相关研究 20

　　第三节　竞争优势的相关研究 24

　　第四节　环境动态性的相关研究 26

　　第五节　组织忘却学习的作用研究 29

第三章　基础理论和研究假设 33

　　第一节　基础理论 33

　　第二节　变量的定义和测量维度 40

　　第三节　研究假设 44

　　第四节　模型构建 51

第四章　研究设计 52

　　第一节　问卷设计和优化 53

第二节 变量测量···59

第三节 数据收集···64

第四节 数据分析方法···66

第五章 组织忘却学习的实证分析·······································73

第一节 数据收集整理及描述性分析·····································73

第二节 信度和效度检验···77

第三节 实证检验···85

第四节 实证分析结果与讨论···98

第六章 组织忘却学习能力评价··104

第一节 组织忘却学习测评指标体系构建·······························104

第二节 组织忘却学习能力评价方法···································113

第三节 组织忘却学习能力评价过程···································115

第四节 组织忘却学习能力评价实践···································124

第七章 组织忘却学习能力提升策略····································138

第一节 组织知识管理能力提升策略···································138

第二节 组织操作能力的提升策略·····································141

第三节 组织支持辅助能力提升策略···································142

第八章　总结和展望···145

　　第一节　研究结论···145

　　第二节　实践启示···149

　　第三节　局限性和未来展望···151

参考文献···154

附　录···171

　　附录1　关于组织忘却学习效果调查问卷·····················173

　　附录2　关于组织忘却学习能力调查问卷·····················178

　　附录3　描述统计量表···183

第一章 绪 论

一、问题的提出

随着《国家创新驱动发展战略纲要》《中国制造 2025》等国家战略的深入推进，企业所面临的外部宏观环境发生了重大改变。制造业转型升级和创新发展将会对企业自主创新能力提出更高要求，这会为企业发展带来重大机遇；智能制造所带来的信息技术和制造业的深度融合将会对产业变革带来深远影响，为新兴产业发展带来更多机遇；"互联网＋"所带来的融合创新将会给企业带来更多的全新商业模式和组织模式实践。

当今时代，企业所面临的外部环境不确定性日益加剧，而隐藏在组织机体内部的惰性因素成了影响组织发展的羁绊，能够及时有效地识别并克服组织惰性成为企业提高竞争力的重要手段。组织惰性客观存在于企业实践中，但由于研究视角的差异，关于组织惰性的效果探讨存在诸多分歧。有学者认为组织惰性的出现源于组织成功的经验，是成功经验的副产品，并且认为有效的惰性能够节约组织建构成本，并增加可控制时间，从而提高组织的竞争优势；也有学者认为存在于组织深层次的组织惰性是较难被发现和克服的，当惰性一旦体现在组织日常实践中，组织会不自觉地实施惰性行为并表现出强烈的内部抵制性。实践证明，越是不易觉察的惰性越会成为组织发展隐患。1975 年柯达公司就研制出第一台数码相机，1998 年虽然柯达已经深感胶卷业务的萎缩威胁，但仍旧坚持把主要精力放到胶卷的主营业务上，故步自封，偏于保守，最终被迫转型面临破产的窘境。相比较之下，胶卷第二大品牌富士，面临市场需求变化主动开展业务转型，将胶卷业务的核心技术胶原蛋白和纳米合成处理技术，创造性地应用于化妆品和医疗药物等领域，摆脱组织固有的生产模式和思维定式，摸索寻求多元化发展。因此，正确识别组织惰性的影响，寻求克服组织惰性的方法是非常必要的。

组织创建之初，通过建立惯例来最大化业务操作效率，伴随着经验的积累和对环境的自动协调反应形成了路径锁定，同时也促进组织惰性的形成。也就是说，组织固有的知识结构、制度规范、反应机制等已经成为组织发展的绊脚石。组织忘却是一种特殊的学习模式，追求对组织固有惯例和信念的遗忘和变革，扬弃组织过时无用的废旧知识，清理组织记忆系统，为吸收新知识提供条件。通过忘却学习能够有效地识别对组织发展产生阻碍作用的惯例和信念，并通过改变惯例、更新观念等活动对组织惰性产生具有弱化作用。

企业该如何应对外部宏观环境的变化和产业结构升级所带来的机遇与风险呢？不少企业通过组织忘却学习的方式，对组织的旧知识进行遗忘，并对惯例和信念进行变革。但是组织忘却学习的开展是艰难的，也存在着高风险。例如一些优秀的企业在面对技术的变化无法有效地改变惯例，从而破产。因此面临着外部环境变化，及时改变惯例和信念，进行组织忘却学习是非常必要的。

（一）组织忘却学习的内涵

组织忘却学习是员工意识到不再满足组织发展的需要且产生阻碍作用的惯例、信念并对废旧知识进行主动遗忘，进而搜寻、整合、吸收组织边界内外的新知识的过程。忘却学习既是认知转变的过程也是行为改变的过程，是"破除旧制"和"推陈出新"相结合。

组织忘却学习理论是由美国学者 Hedberg 在其著作《组织如何学习和忘记》中提出的，他认为一个完整的学习过程不仅包括组织学习还包括组织忘却。虽然 Hedberg 认为组织忘却学习和组织学习同等重要，但是在后续的研究中，忘却学习并没有像组织学习理论一样引起学者们的重视。近年来，Holan 与 Phillips、Akgün、Becker 等一些学者，从忘却学习的学习过程、学习内容、学习主体、学习模型等多个角度开展了研究，并取得了一定的成果。忘却学习逐渐成为学习研究领域的研究热点。

在我国市场经济条件下，企业面临着前所未有的多变和复杂的环境。环境的变化使组织惯例和信念不再适应组织发展的需要。从组织知识储存系统而言，在增加系统中储存知识量的同时，部分原有知识已不符合组织发展的需要，甚至阻碍组织进一步获取新知识。这种情况下，组织需要有目的地遗忘这些知识。通过有目的地遗忘清理组织的知识系统，为获得新知识提供条件，从而完成组织变革和转型升级。

（二）组织忘却学习对竞争优势产生重要影响

1.组织忘却学习对竞争优势的影响

竞争优势是企业较竞争对手能够迅速对市场做出反应，并在生产效能、产品质量和创新速度上高于行业平均水平的特质。Wu（2010）根据对高科技新创企业的研究，将创新企业竞争优势定义为企业所拥有的人力资本的能力在市场上所发挥出来的高于竞争对手的效能。因此企业竞争优势就是企业在内部运营环境以及外部市场环境中表现出的优于竞争对手的某些特质，如内部创新速度、产品质量、外部市场表现等"变革"意味着"忘却"。忘却学习，一方面从根本上对过时的、误导性的惯例、规范和程序进行主动遗忘，避免了出现的路径依赖现象，促使变革过程更富有创新性；另一方面积极搜寻、吸收新知识，提高了组织战略的适应能力，可以创造性地应对外部战略环境发生的突变。忘却学习是促进变革，提高组织竞争力的重要因素。

2. 创业导向在组织忘却学习对竞争优势影响的作用机制

企业在进行组织知识创新的同时，必然也在不断地摒弃无用的误导性知识，创业理论试图解决的最核心的问题就是，当企业处于变化的环境中时，应该如何抓住市场机会并更新资源以保持与环境的一致性。企业必须不断地以新的能力去替代前期所确定的竞争优势的源泉，进而促进企业的动态成长。企业成长理论和资源能力理论均认为企业获取持续竞争优势的动力是占有特定的资源和能力。但路径依赖等特性会使企业核心能力呈现"刚性"，使企业无法依靠核心能力在激烈的竞争中持续领先。基于此，组织忘却学习提升了组织的创业导向，进而影响提升组织的竞争优势。

3. 环境动态性对组织忘却学习影响作用的调节作用

环境不确定性的概念最早由 Milliken（1987）提出，他认为环境不确定性是指组织很难对变化的环境进行明确的判断，并且这种不确定性会对组织带来巨大的风险，使得即使很小的失误也会给组织带来巨大的灾难，进而使组织成员感到紧张、焦虑甚至不安的状况。白景坤等人探讨了环境威胁对于克服组织惰性，实现组织战略变革的重要作用，认为环境不确定性也是推动组织惯例更新的主要力量。组织忘却学习包含对组织惯例的信念的变革，因此环境动态性对组织忘却学习的作用效果也具有重要的影响作用。

综上所述，本课题将探讨组织忘却学习对企业竞争优势的影响作用。通过对组织忘却学习、创业导向、竞争优势等理论进行总体分析的基础上，构建忘却学习通过提升组织创业导向促进企业竞争优势的影响模型。探讨组织忘却学习的学习机理、忘却学习对竞争优势的影响框架，基于创业理论探讨创业导向与竞争优势的演化机制以及忘却学习对竞争优势宏观、微观的影响模型。

二、研究意义

（一）理论意义

知识逐渐成为推动经济增长和社会进步的重要力量，组织学习对于推动组织创新、增强组织竞争力具有重要的推动力。但是知识在不断更新的过程中也会过时、无效，甚至会产生阻碍作用。因此，在某种意义上，组织忘却学习能够促进组织创新和竞争优势的获得。近年来，组织学习领域的研究学者开始对主动组织遗忘、忘却学习、组织惯例等概念进行深入探讨，并得出组织忘却学习对组织创新、组织创新绩效的提升具有重要的推动作用。从组织行为学和心理学的视角，组织忘却学习是一种行为和过程，它的发生和发展受到多种因素的影响和制约，同时，组织忘却学习也对组织获取竞争优势具有显著的影响作用。如何提升组织忘却学习能力，其影响程度如何，怎样构建组织忘却学习的政策机制等问题，是本研究的核心。

（二）实践意义

开展组织学习，建立学习型组织已经成为企业非常重要的任务。在组织学习中，关于组织忘却学习的内容似乎不被学者们和企业家所重视；而在实践中，组织的旧知识不断地被新知识所取代，旧知识在新知识的应用中，产生了阻碍作用。信息技术革命不断深入，产品和服务中的知识集聚程度越来越高，知识已经成为企业持续竞争的关键。但是现实中，企业往往更注重新知识的搜索和吸收，忽视了旧知识的遗忘、惯例和信念的变革。而对忘却学习的忽视，影响了组织的创新能力和速度。为此，研究组织忘却学习的作用机制，并评估组织忘却学习能力，对于提升组织忘却学习绩效，具有一定的实践价值。

三、研究目的

通过理论阐述和实证分析，以组织学习、忘却学习等相关理论为基础，在研究组织忘却学习对竞争优势影响的基础上，建立组织忘却学习通过创业导向影响竞争优势的概念模型，并通过对高科技企业管理者的调研进行实证分析。以此为基础，构建组织忘却学习能力评价的指标体系，以 T 钢铁公司为例对组织忘却学习能力展开评价研究，提出促进企业提升组织忘却学习能力的策略，为企业组织学习提供理论支持和实证依据。

四、研究内容

研究内容主要包括 3 个方面。

（一）对组织忘却学习进行理论分析

组织忘却学习在组织学习研究领域属于较少被学者们重视的一个研究方向。因此，对于组织忘却学习理论进行系统的梳理和总结对于推动组织忘却学习研究具有重要的意义。本研究以时间为线索，梳理了从组织忘却学习提出开始的有关组织忘却学习研究的脉络。主要分析了组织忘却学习的影响机制以及组织忘却学习的效果机制，并在此基础上构建了组织忘却学习影响竞争优势的模型，为实证研究奠定了基础。

（二）组织忘却学习效果机制概念模型构建与实证研究

从创业导向角度来看，构建组织忘却学习对竞争优势的影响作用有以下几点。

组织遗忘、惯例和信念变革是组织忘却学习的组成部分。能够遗忘组织内部无效的、废旧的、对组织发展具有阻碍作用的知识，同时对陈旧的惯例和信念进行变革；通过组织忘却能够有效地促进组织的创业导向，包含创新和超前行动性，风险承担性；组织能够有效地开展创新，并能够提前预知市场环境变化，提前将产品供应到市场上，使组织能够增强风险的承担性。组织风险承担性的上升能够有提升组织的竞争优势。我们进一步验证了环境动态性在创业导向与竞争优势之间的调节作用。环境动态性能够有效地促进创业导向与竞争优势的促进作用。研究建立了组织忘却学习对竞争优势的概念模型，并通过高科技组织的调查数据和实证分析，检验所提出的假设，并为随后的组织忘却学习能力评价指标体系的建立创立条件。

（三）组织忘却学习能力评价指标体系构建及忘却学习能力提升策略

通过对组织忘却学习能力的效果进行检验，证明了组织忘却学习在组织中的重要作用。因此，构建组织忘却学习能力的评价模型对于组织进行忘却学习能力评价以及组织有效地开展忘却学习具有重要的作用。基于此，在研究分析组织忘却学习效果的基础上，我们要构建组织忘却学习能力的评价指标体系，评价组织的忘却学习能力，并进行应用验证，提出促进组织忘却学习能力的有效策略。

五、研究方法

研究旨在探索组织忘却学习对提升组织竞争优势的作用机制，构建组织忘却学习能力评价模型，评估组织忘却学习能力现状，提出促进组织忘却学习的策略。根据相应的研究内容选择适当的研究方法，具体如下。

（一）文献研究法

文献研究是进行科学研究的重要构成部分，开展管理研究必须以已有研究为基础。研究中包括组织忘却学习、创业导向、竞争优势、环境动态性等相关内容，拟运用文献研究法对以上现有相关研究文献予以评述，指出现有研究的不足，说明研究的价值，为本文的研究内容、框架及方法提供理论基础。

（二）理论分析法

理论分析以感性认识为基础，重在利用理性思维探索事物的发展规律和内在机制。研究以理论分析法为依据，运用组织行为学、组织学习、忘却学习、创业理论、竞争等理论分析探讨忘却学习的效果，构建忘却学习对竞争优势影响的概念模型，为实证研究假设提出理论讨论提供方法论基础。

（三）问卷调查法

问卷调查是实证研究中重要的基础性工作，高质量的调查问卷有助于实证研究顺利开展。运用问卷调查法对企业的忘却学习的效果进行调研，获取实证分析的原始数据，用多元线性回归模型以及中介效应等统计分析方法对组织忘却学习的效果进行实证分析，得出相应的研究结论，为忘却学习能力评价奠定理论基础。

（四）评价方法

评价方法是对被评价对象诸多方面进行系统评价的工具和策略。本研究主要采用熵值赋权法、层次分析法和模糊综合评判法构建组织忘却学习能力评价模型，为组织提升忘却学习能力提供依据。

六、拟实现的创新

（一）探索组织忘却学习对竞争优势的作用机制

构建组织忘却学习对竞争优势的作用机制模型，从提升竞争优势的角度探索组织忘却学习的效果，并探索创业导向在组织忘却学习与竞争优势之间的中介作用，进一步丰富组织忘却学习的作用机制研究。

（二）从环境动态性角度探索组织忘却学习的作用机制

将环境因素融入组织忘却学习的作用探讨中，探讨环境动态性在创业导向与竞争优势之间的调节作用，以及对创业导向在组织忘却学习与竞争优势之间中介作用的调节作用，丰富了组织忘却学习的外部环境分析。

（三）建立组织忘却学习能力评价指标体系和评价模型

已有研究文献主要关注了组织忘却学习的作用效果以及组织忘却学习产生的原因，尚未见相关文献探讨组织忘却学习能力及其评价问题。本研究试图建立组织忘却学习能力评价指标体系、建立评价模型，并通过实际企业的具体情况，为组织忘却学习能力的评价研究提供范例和借鉴。

第二章　文献综述

第一节　组织忘却学习的相关研究

一、忘却

忘却也称"忘记"或"遗忘"。关于忘却的研究一直集中在生理学和认知学等领域。例如，在生理学领域，忘却被认为是根据大脑研究来解释记忆的生理基础所提出的理论，一种被认为是记忆突触联系的消失，另一种是记忆突触暂时失活。两种忘却的结果是相同的，都是大脑读取该信息的尝试失败。著名的"艾宾浩斯遗忘曲线"理论提出个体的忘却与时间因素有关，忘却的速度在记忆紧接着的过后最快，然后慢慢放缓，直到遗忘的停止；在认知学领域，忘却被认为是信念结构、心智模式、价值观念和认知图谱的改变，是储存和恢复进出思维的信息过程中所经历的技术失败。在心理学角度，忘却是一种不愉快的压力，即社会性失忆。这两个领域有关忘却的研究主要表现为对以往知识的丢失、记忆退化等方面。

二、组织忘却学习

（一）组织忘却学习

相对于组织学习的研究，学者们对组织忘却学习的探讨似乎略显平淡，但一直未间断对忘却学习含义的探讨。1981 年，Hedberg 在探讨组织双环学习模型时提到，组织在循环学习过程中所产生的知识，也会在循环过程中不断地被忘却。一个完整的学习过程，既包含组织学习过程，也包含组织忘却的过程。伴随着外部环境的变化，组织知识在不断增加的同时，部分原有的知识相应地变陈旧，甚至对组织的发展产生阻碍作用，因此需要对这部分知识"丢弃"。这种组织有目的地对陈旧的、误导性的知识进行"丢弃"的活动被称为忘却学习。Newstrom（1983）提出忘却学习是"对新知识的获取和学习将具有阻碍作用的现有知识和惯例进行消除和丢弃的过程。"同样的思路，Prahalad 和 Bettis（1986）认为忘却学习是"一个过程，在这个过程中组织对旧的逻辑、行为进行消除，并为新知识的引入消除障碍。"Starbuck（1996）提出通过忘却学习，人们不再依靠现有的组织信念和学习方法。这些定义都认识到过时知识和信念对组织学习的阻碍作用，并且认识到组织忘却学习对于获取新知识的重要作用。

随着技术变革的日新月异和知识内容的不断宽泛，近年来，关于组织忘却学习的研究主要集中在忘却学习的内容上，De Holan 和 Phillips（2004）从知识新旧程度和忘却主动与否对组织忘却进行了定义和分类，认为忘却是丢弃过时的、不再有利用价值、对学习产生阻碍的知识。Becker（2005）从个体和组织两个层面对忘却进行了考查，认为忘却学习是在组织内部开展的主动的对陈旧、过时知识的忘记，并对新知识获取、吸收、内化的过程。Akgün（2007）则将组织忘却看成是组织惯例和信念的改变。Tsang 和 Zahra（2008）认为忘却学习是丢弃旧的惯例建立新规范的过程。Gabriel 等（2010）则认为组织忘却是通过改变组织的认知结构、心智模式、主导逻辑以及核心理念等，实现组织价值、规范和行为的重新定位的过程。

国内学者对于组织忘却学习的研究相对较晚，曾使用过"组织遗忘""组织忘记""主动组织遗忘"等说法。陈春花和金智慧（2006）就知识管理中的主动组织遗忘管理进行了阐述，并论证了遗忘在知识管理中的重要性。曾俊健等（2012）使用主动组织遗忘的说法，探讨了主动组织遗忘与组织创新的关系，认为组织遗忘是组织在学习过程中，丢失和扬弃组织知识的过程，将组织遗忘分为主动组织遗忘和意外组织遗忘，同时根据 De Holan 和 Phillips 的研究，将主动组织遗忘分为避免恶习和忘却学习两个内容。卢艳秋等（2014）提出组织忘记是组织摒弃过时或陈旧的惯例、信念、规范的过程。通过对已有信念、惯例和行为规范的改变，降低组织的惰性和刚性，使组织在动态环境中更具有柔性。

（二）忘却学习模型

1. 层次模型

Spender（1998）认为组织忘却学习以及变革都是通过组织中个体的忘却学习来实现的。同时，越来越多的学者也认同组织知识同时存在于个体和组织记忆系统中。因此，组织忘却学习可从个体和组织两个层面分析。在对个体和组织两个层面的分析中，以往研究主要采用两种视角，一种视角是采用层次分析的方式。Becker（2005）从个体和组织两个角度探讨了忘却学习的层次。在个体层面，将学习的知识划分为显性知识（Explicit Knowledge）、隐晦知识（Tacit Knowledge）和参考框架（Frames of Reference）。其中，显性知识是为个体认可并广泛接受的、容易表达和描述的知识，也被称为编码知识；隐晦知识指不容易被解释，或在文件中被描述出来的知识，这类知识被认为是"知道怎么回事"；参考框架主要是指个体的认知能力、认知风格、学习风格等。在组织层面，与个体层面相对应，将组织知识划分为惰性知识（Inert Knowledge）、组织记忆（Organizational Memory）和组织文化（Organizational Culture）三个层次。组织层面的惰性知识与个体的显性知识相对应，指组织所具有相对稳定的知识，可以用拷贝或电子方式获取、储存和共享；组织记忆不仅仅包含显性知识，还有一个隐形维度，当组织拥有组织记忆时，组织知识将会影响组织及其成员的忘却能力；组织文化体现了组织过去的价值观和信念，可以用来体现组织记忆的重要内容。无论是个体层面还是组织层面，三个层次知识的忘却都是一个逐步深入的过程，并且忘却的难度也不断加大，如图 2.1 所示。

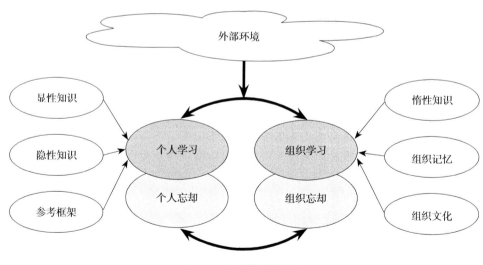

图 2.1   忘却学习的层次

2. 忘却学习的过程模型

忘却学习不仅包含行为维度，还包括认知维度。在此基础上，Klein 提出忘却学习的补充模型（Parenthetic Model），即用新知识代替旧知识的过程。此后，Navarro 与 Dewhurst（2003）提出基于认知基础上的个体忘却学习过程模型，其包含识别问题、改变认知方式和形成新的控制手段三个阶段。同时，Navarro 与 Moya 在 Fitz-Enz 提出的知识管理活动包含的三个基本活动（知识产生、知识集成、知识分享）的基础上，提出与之对应的三阶段组织忘却学习模型——知识分解、知识分享和知识消除。该模型本质基于认知基础上，知识分解阶段需识别出组织陈旧的知识，以及将个体陈旧的知识编码成为组织具体的显性知识。在其基础上，通过员工间知识相互分享的社会化过程以达到统一认识。最后通过改变惯例、规则等方式消除陈旧知识。然而，这些过程模型都没有很好地阐释在忘却学习过程中的认知机制。对于忘却学习过程的认知行为，其本质是一种认知决策的过程。Becker 在原有忘却学习机制的基础上，通过预实验以及对三个企业的案例研究，打开个体忘却学习过程中认知行为过程这个"黑箱"。Becker 的组织忘却学习模型是一个边尝试边忘却的过程，该模型的前提是个体有主动接受新知识的动机，在尝试过程中利用正向激励和反馈强化新知识，从而达到丢弃旧知识的目的，然而在实际中，员工在一开始对新知识采取的是抵制而非愿意接受的态度。

3. 忘却学习认知和行为模型

王超等（2015）提出组织忘却学习双过程模型。双过程模型包含认知和行为两个维度，将其划分为认知和行动两个过程。认知过程中，在意识到知识间存在冲突时，不同个体对其的态度可能存在差异，某些个体采取积极的接受，而其他的可能从心理产生消极抵触情绪，这与个体的个性及其他因素有关。而后，个体会根据具体的情境进行分析和考虑，做出相应的认知决策。在行动过程中，首先是停止使用原有的知识，然后采用新知识来替换旧知识，最后实现对陈旧知识的替代和遗忘。认知过程和行为过程不是孤立的，而是相互作用、互相支撑补充的。认知过程为行动过程提供计划和依据，行动过程为认知过程提供反馈。无论是认知过程还是行动过程，其所包含的子过程都是一个循环的过程，是一个不断根据外部环境以及结果反馈进行自我调节的过程。

4. 其他模型

Holan 和 Plillips（2004）采用案例研究的方式，对知识忘记进一步进行了细分，根据知识的新旧程度以及学习者的主动程度，将忘却学习分为意外忘却、主动忘却、疏于监督和放弃创新四个方面。

Augün（2006）开始从惯例的角度关注忘却学习，提出组织遗忘基础上的惯例变革包含构成型忘却、操作型忘却、再创型忘却和调整型忘却。

Cegarra（2005）提出组织忘却不仅仅包含旧知识的遗忘，还包含新知识的形成过程，在借鉴 Lewin 关于组织变革模型"解冻—转变—再冻结"的基础上认为组织忘却是多因素多层次动态的过程，提出忘却情景（Unlearning Context）概念，并将忘却学习分成三个阶段：识别问题（Examination of Lens Fitting）、改变认知（Changing the Individual Habits）和形成新知识（Consolidation of Emergent Understandings）。识别问题指员工意识到目前的工作习惯、行为模式已经不能适应环境的变化和工作的需要，甚至产生阻碍作用，是有关"意识"情景；改变认知是员工主动开始改变行为、态度、思想并开展创造性的反思，为新知识的进入扫清障碍的过程，是"转变"情景；形成新知识是从组织层面出发,开展心智模式、吸收新知识为组织学习和培养创造力提供支持,是"巩固"情景。

(三)组织忘却学习和组织学习

忘却学习的概念日趋完善,但忘却学习与组织学习的关系仍然是学者们争论的焦点所在。一种观点认为忘却学习和组织学习具有序贯关系,忘却学习是组织学习的前提,不能很好地忘却就不能很好地学习,或者两者是同时发生的,并产生重叠和交叉;另外一种观点则认为组织学习和忘却学习是相互独立的,在知识管理中扮演着同等重要的作用,即使没有组织学习,组织也能够很好地进行忘却学习。

也有学者用带阀门的浴缸的隐喻来比喻组织学习和忘却学习,组织学习代表进水,而忘却学习代表出水。伴随着组织学习理论的发展和组织适应理论的引入后,组织的主体性特征受到重视,组织在适应外部环境变化的过程中,不仅只是消除知识,更重要的是新知识的引入,对现有知识的变革。

Zhao 等(2013)从组织忘却、组织学习和组织再学习的视角,提出了知识管理的动态模型。该模型知识管理的过程包含忘却、学习和再学习,组织忘却包含个体忘却,团队忘却和组织忘却、三者依次循环。同样学习和再学习的过程也依次包含个体、团队和组织三个层次循环的过程。在组织忘却学习和组织再学习的过程中,伴随着知识在隐性知识与显性知识不断转换的过程,个体、团队和组织的忘却学习和再学习过程呈现不断循环上升的过程,如图 2.2 所示。

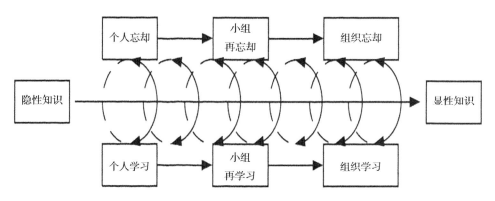

图 2.2　知识管理的动态模型

（四）组织忘却学习的前因和效能分析

1. 组织忘却学习的前因分析

在对组织忘却学习的前因分析过程中，学者们多倾向于组织的环境变化、技术变革、企业危机等因素。例如：

Akgun 等（2006）探讨了环境动态性是组织开展忘却学习的重要前提，研究表明技术的快速变革、产品生命周期的缩短促使组织开始丢弃组织原有的知识和方法，开展组织忘却学习。

Tang 等（2008）分析了 8 家外资、合资企业发现，组织原有的知识、惯例与兼并企业新引入的知识存在差异和冲突，开展忘却学习是外资、合资企业在面临组织内外部环境发生变化时的必须环节。

Becker（2010）通过对澳大利亚一家国有能源公司进行调研，发现在实施技术变革过程中，组织支持和培训是影响个体开展忘却学习的重要因素。

阮国祥，毛荐其（2012）通过对山东 263 家高技术企业进行调查研究，发现组织的外部环境变化对组织的忘却学习具有正向的促进作用。

郭秋云等（2016）通过以 244 个企业样本为研究对象，实证分析发现失败学习是个体开展忘却学习的重要诱因。

2.组织忘却学习的效能分析

相关研究中，学者们多倾向于对组织忘却学习的效能开展分析。组织忘却学习是组织持续发展中非常重要的内容，能够对组织绩效、战略变革等产生重要影响。例如：

Cegarra 等（2005）提出组织忘却学习对组织绩效（财务绩效、顾客满意度、组织声誉等）具有显著的影响作用。

Cegarra 等（2011）对西班牙钢铁行业的 229 家中小企业进行调查，通过实证分析发现，组织忘却学习能够通过组织的利用式学习和探索式学习对组织的绩效产生影响作用。

Akgun（2007）通过对 197 家新产品开发项目进行调研，发现团队能够激发组织即兴能力，进而促进新产品开发绩效。

Wensley 和 Cegarra（2015）研究发现通过忘却学习可以克服组织知识的意外丢失并促进组织的现实吸收能力的提升。

Leal-Rodríguez 等（2015）研究发现组织忘却学习能够提升组织创新产出，并促进组织绩效的提升。

卢艳秋等（2014）提出组织忘却学习能够通过战略柔性提升组织的创新绩效，但是并不能够直接对组织的创新绩效产生影响。

潘安成和邹媛春（2010）通过模型和案例研究，首先剖析了组织忘却和组织学习对动态能力的影响，指出组织学习产生动态能力，而组织忘却和学习进一步促进和增强企业动态能力。

郭秋云等（2017）研究发现组织忘却学习能够影响组织开展战略变革，

该关系会受到组织外部环境动态性、内部组织双元文化以及两者的交互影响作用。

国内外学者对组织忘却学习的研究已经形成了相对成熟的理论，从忘却学习的概念、忘却学习的模型到忘却学习对组织实践的影响作用进行了理论分析和实证研究。忘却学习普遍存在于组织实践中，尤其是在组织变革、并购和新产品开发等组织实践中，但忘却学习并未像组织学习一样受到学术界和企业界的重视。有的学者认为忘却学习是组织学习的前提，有的学者认为两者是同时发生的，还有学者认为忘却学习发生在组织学习之后。笔者认为，忘却学习是一个独立的过程，与组织学习并不冲突，还存在着不同的学习阶段（探索阶段，维持阶段）。

第二节　创业导向的相关研究

一、企业成长理论

新古典理论中，企业成长的代表——企业规模。企业的成长是企业调整产量达到最优规模水平的过程。当企业面临成本曲线或者需求曲线发生变化时，企业才有改变规模的动力。总体而言，新古典经济学关于企业成长的内容可以概括为："企业规模是企业成长的核心指标，企业规模根据外部需求曲线调整的过程实现企业规模的变化或扩张。"新制度经济学的企业成长理论体系是建立在企业边界不断扩张的内容之中的，对企业成长过程的研究，只是集中于企业面临的管理费用和交易费用的研究。美国学者波特是企业竞争战略成长理论的代表人物。波特提出的行业五种竞争力模型，被广泛运用于各种分析框架。"五力"模型描述了企业在市场竞争中获得优势的方法和手段，关于企业成长的研究，集中到竞争优势的存在、表现形式及变化过程等方面；产品差异化、成本领先和市场集聚三个一般战略为企业获得持续成长提供了指导方向。战略视角的企业成长理论注重于公司水平或者行业水平的变量。Maidique 和 Patch 的技术测量模型针对技术密集型创业企业展开研究，他们分析了企业进入时间、竞争范围和竞争优势来源等因素，在此基础上得到了技术密集型创业企业的四种策略类型，包括领先进入策略、成本最小化策略、快速追随策略和细分策略。

二、创业理论

创业行为是一个复杂性活动。创业者素质、心理和行为特征都对创业者产生影响。

Stevenson（1985）提出创业的概念是不仅仅局限于当前的资源，通过并对机会进行不断地探索和发现，进而对资源进行整合，对机会进行识别和开发从而创造价值的过程。这个层次的定义同时也梳理出了创业与机会之间的联系，说明了机会的识别和开发对创业具有重要意义，是创业行为产生过程中的首要也是最关键的环节。Timmons（1999）对创业的思考也验证了创业和机会之间的重要联系,他认为创业是一种从思考出发,经过推理过程最终实施行动的过程,创业强调机会的创造与开发,同时要求创业者拥有缜密的思考逻辑,在加以实施的过程中要有平衡资源的能力和高超的领导能力。Venkataraman（1997）对创业的理解是研究创业机会的发现、识别、开发、创造和有效利用的过程，同时提出研究创业的三个核心问题：①创业机会是怎样产生的？②什么原因导致有的人可以识别并对机会进行开发利用，有的人则不能？③对于发现机会的人来说，利用机会带来的经济效益和社会价值是什么？

三、创业导向的内涵

创业是推动经济增长和社会发展的重要载体，经济发展越繁荣，创业活动越频繁。创业导向（Entrepreneurial Orientation）作为企业战略行动之一，被描述为导致新的市场进入过程、实践和决策活动。创业导向具有从事和支持新想法、新事物、新实验和创造性过程的倾向，直接促成新产品、新服务、新技术工艺以及追求创造性的、不寻常的技术创新解决方案。

创业导向是描述公司在制定决策战略、决策过程的行为特征。创业导向一般出现在初创业与二次创业企业里，在生存型企业里面较少出现。Burgelman（1983）认为公司创业是企业借助新资源组合实现多元化发展的过程，通过内部进行新资源组合来拓展公司竞争领域和发掘相应机会；Miller（1983）提出创业导向是指更愿意寻找创新机会的过程，更为积极地进入新市场，愿意接受一定的战略和财务风险来获取新机会。Lumpkin 和 Dess（1996）将创业导向定义为企业识别和从事创业活动的战略决策的依据。张玉利等（2003）认为公司创业精神突出表现在：一是由组织而非个人表现出来的创业家特征；二是这些特征转化为企业绩效是依靠组织而非个人的力量。Dess（2003）则认为公司创业是公司借助内部创新或合资合作在现有组织基础上产生新业务的文化导向。Voss 和 Moorman（2005）基于先前学者的研究，认为创业导向是在企业水平上参与组织与市场变革的一种行为倾向。

创业导向企业能够突破企业原有的产品生产模式、思维模式、行为模式等，推出新产品、新的商业模式去满足顾客目前和未来的需求而获取竞争优势。从资源基础理论角度而言，创业导向对组织所拥有的知识等提出了较高的要求。组织中丰富的先进知识为组织开发新产品、新技术提供了保障，增强了知识的适应能力和创新能力，并能够预测外部环境开展前瞻性的活动；而陈旧的、误导性的知识会影响和妨碍组织内企业家的创新意识、预应性感知，也会束缚组织的探寻步伐和冒险精神。

四、创业导向的维度

Miller（1983）所提出的创业导向的 3 个维度，即创新性、前瞻性和风险承担性，得到了学术界的广泛认同。其中，创新性是指企业从事或支持可能导致新产品、新服务和新技术出现的那些经营活动的倾向性；前瞻性是指企业采取领先战略而非跟随战略的倾向性，通过积极的市场研究和先行行动，先于竞争对手开发新的流程和技术、引入新的产品与服务；而风险承担性反映了企业在追求高风险和高回报业务时，在风险工程、不成熟技术、新产品或新服务等方面的大量资源承诺。Miller 认为公司进行全面反思的创业导向，能够有效解决为获得高绩效所需的必要承诺和过度承诺之间的差别所导致的组织失败问题。

Hart（1992）认为创业导向包括规划、分析、决策、组织文化、价值体系、使命感等。

Lumpkin 和 Dess（1996）认为创业导向是组织层面的流程、实践和决策类型组成，呈现出创新性、超前行动性和风险承担性。创新性被认为是创业导向型企业的核心内容，是指企业从事或支持新构想产生、新技术开发以及各种新机会的创造和实验的重要倾向。在创新性的引导下，创业企业更关注新技术，将更多的资源和经历投入到创新活动中去。前瞻性体现了创业企业能够迅速把握新的市场动向和市场机会，相比较竞争对手能够更快地反应并采取应对方案，获取先动优势的特征。而风险承担性是指企业及时把握潜在市场机会开展行动，并愿意承担风险的程度。

焦豪（2008）结合中国独特文化和特征背景，在 Miller 对创业导向分类的基础上，提出创业导向可分为创新和超前行动性、风险承担性。

第三节　竞争优势的相关研究

竞争优势是战略管理学的重要研究课题，Chamberlin（1939）首次提出竞争优势的概念，但到 20 世纪 80 年代中期，波特教授才在《竞争优势》一书中对竞争优势进行了系统而又深入的研究。波特提出的"五力"模型，重点分析了产业结构和市场细分对企业竞争优势和企业战略制定的影响。竞争优势是企业较竞争对手能够更迅速地对市场做出反应，并在生产效能、产品质量和创新速度上高于行业平均水平的特质。

一、竞争优势的内涵

Hofer 和 Schendel（1978）把竞争优势定义为组织通过调配其占有资源而获得的相对于竞争对手而言的特定的市场位势。

Barney（1991）认为，当一家企业能够实施某种价值创造战略，而任何现有和潜在竞争对手都不能实施这种战略时，就可以说该企业拥有竞争优势。

Ma（2000）把竞争优势定义为企业在市场竞争过程中表现出来的超越或胜过竞争对手并能够在一定时期内创造超额利润或实现高于行业平均水平盈利的属性或能力，这一定义解释了竞争优势的来源，即制度与企业能力。

Lin 和 Wu（2014）认为，为了维持企业的竞争优势，需要不断更新企业的资源基础以应对环境的不断变化。

董保宝和李全喜（2013）把竞争优势定义为企业为实现既定目标，通过整合异质性资源和构建集合性能力，并根据环境变化不断增强动态能力以满足市场需求而展现的优于竞争对手的特质。

Schulte（1999）首次以竞争优势的发展序列为基础，将竞争优势分为三个维度，即效率、功能和持续性。效率维度主要从成本角度去考查企业的行为；功能维度主要从资源的角度去研究资源对竞争优势的影响；而持续性维度则主要从顾客、供应商和企业专有能力的角度去研究企业竞争优势的持续问题。

二、竞争优势的前因作用研究

Teece 等（1997）提出动态能力观，认为动态能力是建立差异化的、难以复制的竞争优势的基础，具体包含三种类型：过程、位势、路径。其中组织和管理过程（Process）是指企业内部处理事务的方式、惯例以及实践和学习方式；位势（Position）指的是技术和知识产权方面的禀赋、顾客基础、与上游供应商的关系等；路径（Paths）是有利于企业战略选择和认知未来机会的途径。动态能力与竞争优势的关系可以通过这三种类型进行阐述。在过程方面，通过协调外部活动与内部技术、资源和知识应对外部环境变化；通过个体学习来提升组织能力，由个体学习向集体学习转变；通过学习把组织惯例内化于员工的行动中，通过内部学习来构筑竞争优势；加强企业内容柔性与变革，重构并整合资源和能力，提升企业的市场敏感性，牢固企业构筑竞争优势的基础。在位势方面，这些资产的战略意义在于他们的企业特有性即内生性，是企业长期积累的产物，一些特定资产难以商业化，不能或几乎不能在市场上交易和流通，是企业竞争优势甚至可持续竞争优势的来源。在路径方面，企业的发展受限于当下的位势和前行路径，当下位势又由以前的路径决定，因此竞争优势具有路径依赖性，取决于企业原有的位势基础。

第四节　环境动态性的相关研究

一、环境动态性的内涵

环境动态性的研究起源于环境不确定性。环境的不确定性指出环境既有复杂的一面，又有动态的一面。Duncan（1972）首次提出环境动态性的概念，指出环境动态性是指环境不断变化的过程，包含环境变化时间的不确定性和不可预测性，同时又体现了环境内容变化的宽泛性和快速性。Jaworski 和 Kohli（1993）认为环境动态性以技术的不可预测、顾客偏好的变化、需求的波动、进入壁垒的降低为主要特征，是总体外部环境变化的过程。王永龙（2002）指出环境变动的方向、范围等限定着组织创新的速度、方向和实现空间，组织需要较强的识别和应变能力来随时应对外界环境变化，明辨组织需要采取的行动，为企业发展创造机遇。Janden 等（2010）认为技术的变革或衰退、顾客喜好的变化、产品需求和原材料供给的波动是环境动态性的主要特征。Liang 等（2010）认为环境动态性是环境变化的速度以及不确定性程度，是影响团队组织行为与绩效关系的关键情景变量。

组织外部环境的变化能够为组织带来发展机遇，同时也包含着威胁，也就是说，环境动态性对组织的影响既存在积极的影响，也包含消极的影响。当环境动态性较高时，动态环境能够促使组织中变革型领导认清组织存在的优势和缺陷，适时开展组织变革，进行组织创新，提升组织绩效。对于优秀的企业而言，环境动态性越强，越能够激发组织利用组织资源开展创新提高组织绩效。同时环境动态性也给组织带来了威胁，一方面管理者面临着动荡的外部环境，需要更加谨慎地处理公司战略性事务，在创新和变革方面可能会畏首畏尾；另一方面员工可能会为组织的前景发展担忧，对于组织的内部建设产生影响。有学者指出高度的环境动态性使组织的利用式创新和探索式创新变得更为困难。

二、环境动态性的维度

Meyer（1982）指出环境动态性是环境对组织临时性的扰乱，而这种扰乱的发生难以预测、对组织具有破坏性的影响。因此，他强调对环境的制度化要求，但组织领导层在信息收集和信息加工方面存在有限理性，并且环境高度复杂性和不同要素之间的相互联结等原因，将环境作为一个整体进行分析是不可能的。因此对环境的单元进行清晰的分析是非常必要的。Duncan（1972）将环境分为内部环境和外部环境，内部环境是组织范围之内的相关实体及社会因素，包括组织结构、组织文化、人力资源配置等；外部环境则是组织范围之外的相关实体及社会因素，由消费者、供应商、竞争者、社会政策因素及技术等构成。Daft 等（1988）将整个环境分为遥远型环境和任务型环境，遥远型环境由政治 / 法律、经济、社会 / 文化和技术四部分组成；而任务型环境是由所有与组织目标的制订和完成密切相关的因素组成，包括竞争对手、顾客和资源的供应者。冯军政结合中国经济发展的实际情况，将企业的外部环境分为产业技术环境、市场环境和企业间竞争环境。刘刚和刘静（2013）参考 PEST 和波特"五力"模型，认为环境动态性包含市场动态性、技术动态性和政策法律社会动态性三方面。

三、环境动态性的作用

环境动态性作为外部环境的一个重要特征，反映了环境的高度不稳定性和不可预测性，是个体或群体对组织外部环境的感知，但不受个体和群体的主观因素的影响。环境动态性对企业的经营决策以及竞争战略等企业行为具有重要的影响作用，因此学者们在探讨环境动态性的作用过程中，往往将环境动态性作为调节作用进行研究。

胡海青和李浩（2015）验证了加速器支持（技术支持和商业运营支持）对瞪羚企业的突破式创新的影响，并探讨了环境动态性（技术波动和竞争强度）的调节作用，进一步分析了加速器支持和环境动态性的交互作用。研究结果发现，技术波动和竞争强度呈现了截然相反的调节作用。

陈国权和王晓辉（2012）提出了组织学习的时滞的概念，并用企业样本验证了组织学习（探索式学习和利用式学习）对组织绩效的作用机制。结果发现，环境动态性对探索式学习和利用式学习与组织绩效关系存在负向的调节作用。

这与以往研究中关于环境动态性的正向调节作用不同，他们认为这个结果与组织学习存在调整时滞，不能及时与环境相匹配。

冯军政（2013）从制度环境和产业环境两个层次，聚焦于环境动态性和环境敌对性两个相对独立的维度，探讨其对企业突破性创新和破坏性创新的直接作用。研究发现，技术动态性正向影响企业突破性创新和破坏性创新；市场动态性正向影响破坏性创新，对突破性创新没有显著影响；竞争敌对性对突破性创新和破坏性创新均具有正向影响；政策敌对性正向影响破坏性创新，对突破性创新没有显著影响。

第五节 组织忘却学习的作用研究

一、组织忘却学习与创新绩效

卢艳秋等（2015）以战略柔性为中介验证了组织忘却对组织创新绩效的作用机制，同时其团队的赵英鑫在博士论文中进一步以组织再学习为中介作用，考查了组织忘却对企业创新绩效的影响作用。

曾俊健（2012）分析了主动组织遗忘与组织创新之间的关系，以及组织学习能力对两者关系的中介作用。结果表明，组织学习能力的提高和组织创新水平的提升提有了新的路径选择。主动组织遗忘包括忘却学习和避免恶习，对组织学习能力起着直接正向的推动作用，并且通过组织学习，主动组织遗忘能间接提高组织创新水平。

阮国祥和毛荐其（2012）从理论上分析了环境变化、组织忘却和新产品开发绩效的关系，以及吸收能力在组织忘却学习与新产品开发绩效关系之间的调节作用。研究结果发现，环境变化与组织忘却、组织忘却与新产品开发绩效之间均存在显著的正向关系；吸收能力对组织忘却与新产品开发绩效间的关系存在显著的正向调节作用。

Antonio 等（2015）探讨了组织忘却学习对组织绩效的影响作用，该研究提出了以创新产出为中介变量，并且考查了以组织规模为调节变量的作用机制。研究结果发现，创新产出对组织忘却学习与组织绩效的积极作用具有中介作用，但是组织规模对创新产出的中介作用具有消极的调节作用，即组织规模越大，创新产出的中介作用越弱。

Akgun 等（2007）验证了组织忘却学习和即兴能力对新产品开发绩效的作用，提出了信息和知识应用的中介作用。研究发现，团队忘却能够激发即兴能力，而即兴能力能够通过实施新知识（通过忘却和即兴获取的）促进新产品开发绩效。

Navarro 和 Moya（2005）从心理资本的角度出发，验证了忘却学习对组织绩效的作用路径。结果发现，个体忘却能够促进团队忘却，团队忘却促进人力资本和结构资本的提升，进而机构资本和结构资本通过关系资本的中介作用促进组织绩效提升。即个体和团队忘却能够间接地促进组织绩效。

二、组织忘却学习和环境动态性

阮国祥和毛荐其（2012）发现环境变动能够促进组织忘却。环境变化要求新产品开发团队及时调整项目开发计划、常规，甚至改变设计思路，以对变化做出反应。

黄杜鹃和陈松（2015）发现，环境动荡性对主动组织遗忘（忘却学习和避免恶习）与吸收能力之间的关系具有显著的正向调节作用。

Akgun 等（2007）发现，环境动态性能够促进组织忘却学习和即兴能力，进而促进组织开展新产品创新。

Madsen 和 Desai（2010）认为，组织环境的动荡导致组织知识经验的快速贬值，而知识的贬值促使组织开展忘却学习。

Fernandez 和 Sune 具体分析外部情景中的行业内的创新行为导致组织内部忘却学习的行为。

三、组织忘却学习与组织惰性

组织惰性从提出开始就是一个有争议的话题，并产生了两种截然相反的观点。Starbuck 等认为组织惰性是组织迟钝的一种表现，体现组织的结构、产品、生产方法和政策的一种过于稳定的状态；而 Nelson 和 Winter 则认为组织惰性是为追求效率最大化而建立在组织规律性行为基础的规则制度，它是组织行为和能力的重要组成部分。许小东认为，组织惰性可以分成消极的组织惰性和积极的组织惰性两种。消极的组织惰性是指组织活力下降，成员态度消极、不思进取、组织效率低下；而积极的组织惰性则是组织在面临成功以后的组织进取心下降，惯于组织现有的结构模式、行为模式等，厌恶变革和变化。从短时间来看，组织积极的惰性对组织的发展是有利的，能够保障组织保持高效率的运作，但从组织发展的长远角度而言，这种"成功的副产品"也将演变成"组织的病症"。本研究借鉴白景坤对组织惰性的定义，组织惰性是企业完全依赖其在适应环境基础上构建的一种组织模式，觉察不到或不能及时觉察外部环境变化，从而失去适应这种变化的能力的一种现象。

　　组织忘却强调知识的丢弃对改变认知和行为以实现组织目标的作用。组织惰性体现为组织在处理问题时习惯性地采用固定的思维模式，按照熟悉的管理模式解决问题，也就是说组织惰性根源于组织惯用的认知和学习模式，束缚于组织根深蒂固的制度规范和知识架构。组织惰性的改变或克服需要组织对组织知识系统内的固有的管理模式、生产方法及政策法规等进行重新审视，并选择性地进行遗忘和变革。组织忘却能够推进组织实现对惰性的克服作用，很大程度上避免了因组织内部过于稳定而缺乏适应性所带来的失败。由于组织惰性带有参与者的主观认知因素，因此有效的组织忘却能够确保企业有效识别过时的、误导性的知识和信息，并能够开展主动忘却，更新组织实践的流程和机制。组织忘却打破了静态的组织环境，打乱了"有序"的工作状态，激发了员工的自我思考和变革意识；同时通过主动摒弃旧的惯例和规范，消除了原有的认知模式和认知结构，唤醒组织的活动能力和创新意识。惯例和信念的更新也为组织带来新的思想和行为规范，使组织与环境相匹配，最大限度发挥新惯例的效能。Akgün 等认为缺乏对现有知识变革的能力，核心能力将变成核心刚性和能力陷阱，新产品开发、追求更大的发展将变得更加困难；Cegarra 等提出忘却情景可以改变原有的认知结构、心智模式、主导逻辑和核心假设，并能够引导良性行为形成组织竞争优势。

第三章　基础理论和研究假设

第一节　基础理论

一、组织学习理论

组织学习是资源基础观的延伸，知识基础观认为，知识对组织而言是最具有战略价值的资源，因此通过学习的方式，对知识进行创造、储存是获取组织竞争优势的关键。企业在获取资源的同时，将这些知识内化并加以利用，才能最终形成自身竞争优势。组织学习描述的是以组织为整体，通过与环境发生互动而进行学习的过程。组织学习理论在知识的产生、变化的过程及与企业能力的关系上形成了颇为丰富的阐释。组织学习能够不断地将获得的知识内化于学习主体，而学习主体的知识积累反过来又影响继续的组织学习，组织学习是组织的创新过程。

（一）组织学习的时空理论

陈国权从学习的来源出发，提出组织学习的时空理论。认为组织学习来源具有时间和空间两个维度。时间维度是指组织可以从过去经历、当前现状和未来可能的情景中学习；空间维度是指组织可以从内部和外部学习。

1. 基于时间维度的组织学习理论

基于时间维度的组织学习理论从"知"和"行"两个维度构建了从未来可能的情景中学习的模型。"知"是指通过想象未来多种可能的情景获取知识，丰富组织对未来的认知，改变管理者的思维方式，重构组织对未来的认知，改变管理者的思维方式，重构组织及成员的心智模式，发现当前管理存在的问题和盲点；"行"是指将从未来可能的情景中获取的知识运用于管理实践，制定解决问题的决策，改进自身的预案，采取适当的行动，以应对未来的不确定性。同时该模型还包含"知"到"行"的转化机制——"知行失衡"，其实质是心智模式与实际行动不匹配、组织成员情绪受到影响。

2. 基于空间维度的组织学习理论

组织学习时空理论认为组织从内部学习是指组织通过回顾过去发生的事件，分析当前的现状、机会和挑战以及想象未来可能出现的情景获取相应的知识，提出改进自身的方案和采取适当的行动；组织从内部学习包括从过去经验中学习、从内部现状中学习和从内部未来情景中学习三种基本模式。同时按照知识流动的方向，将组织内部学习主体间的相互学习划分为从组织内部纵向学习和从组织内部横向学习。与其他组织相比每个组织都拥有，有价值的、稀缺的、难以完全模仿的和无法替代的学习资源，不同组织从其内部学习往往会有不同的收获，形成其独特的竞争优势。

在空间维度的组织学习理论中，进一步将团队学习分为信息的获得、执行、传播、主动忘却、逻辑思考、产生灵感、深入洞察和形成记忆 8 个过程。

（二）组织学习的双元理论

组织学习理论认为，组织间学习是企业探索和整合内外部知识的重要方式，企业通过有效学习能够实现知识获取，拓展自身的知识广度和深度。

March（1991）首次提出双元学习的概念，包含探索式学习和利用式学习两个维度。探索式学习包括搜索、变化、风险承担、实验、灵活性、开发或创新等行为，其特点是追求和获取新知识；利用式学习包括对知识的提炼、选择、实施执行以及对知识库中储存知识的再利用等行为，其特点是利用和开发已拥有的知识。

Edmondson（1999）将学习分为内部学习与外部学习。内部学习是团队成员关注绩效以实现目标、获取新信息、检验假设及创造新的可能性；外部学习指团队搜寻新信息或向外部相关人员寻求反馈。内外部学习的划分反映的是利用式学习和探索式学习的实质含义。

战略联盟领域的组织双元学习研究属于组织间学习，其主体为参与联盟的企业。不同于单一企业层面的组织学习是在组织层面展开，战略联盟中的组织学习实际上是组织间知识的交换和转移。比较而言，单一企业受到资源稀缺性的约束，在某个时间段通常只能采取一元的组织学习策略，或者根据企业的实际需求寻求资源在探索性学习和应用学习中的均衡分配。在战略联盟中，企业之间资源的互补性减少了资源稀缺性对组织学习方式的限制，企业可以根据自己的需要，选择合作伙伴和联盟形式，开展探索性学习和应用性学习。战略联盟中组织学习的内涵：联盟背景下的探索性学习是指联盟企业中的一方通过协议等方式，以市场需求为导向，获取并利用联盟中合作伙伴现有的技术和知识，对这些技术和知识进行调整性改造，在短期内实现市场收益。

二、资源基础理论

1984 年，沃纳菲尔特的《企业的资源基础论》的发表意味着资源基础论的诞生。资源论的假设是：企业具有不同的有形和无形的资源，这些资源可转变成独特的能力，资源在企业间是不可流动的且难以复制的；这些独特的资源与能力是企业持久竞争优势的源泉。资源论的基本思想是把企业看成是资源的集合体，将目标集中在资源的特性和战略要素市场上，并以此来解释企业的可持续的优势和相互间的差异。

（一）企业特殊资源与竞争优势

企业竞争优势根源于企业的特殊资源，这种特殊资源能够给企业带来经济租金。在经济利益的驱动下，没有获得经济租金的企业肯定会模仿优势企业，其结果则是企业趋同，租金消散。资源基础理论为企业的长远发展指明了方向，即培育、获取能给企业带来竞争优势的特殊资源。由于资源基础理论还处于发展中，企业决策总是面临着诸多不确定性和复杂性，资源基础理论不可能给企业提供一套获取特殊资源的具体操作方法，仅能提供一些方向性的建议。具体来说，企业可从以下 3 方面着手发展企业独特的优势资源。

1.组织学习

资源基础理论的研究人员几乎毫不例外地把企业特殊的资源指向了企业的

知识和能力，而获取知识和能力的基本途径是学习。由于企业的知识和能力不是每一个员工知识和能力的简单加总，而是员工知识和能力的有机结合，通过有组织地学习不仅可以提高个人的知识和能力，而且可以促进个人知识和能力向组织的知识和能力转化，使知识和能力聚集，产生更大的合力。

2. 知识管理

知识只有被特定工作岗位上的人掌握才能发挥相应的作用，企业的知识最终只有通过员工的活动才能体现出来。企业在经营活动中需要不断地从外界吸收知识，需要不断地对员工创造的知识进行加工整理，需要将特定的知识传递给特定工作岗位的人，企业处置知识的效率和速度将影响企业的竞争优势。因此，企业对知识微观活动过程进行管理，有助于企业获取特殊的资源，增强竞争优势。

3. 建立外部网络

对于弱势企业来说，仅仅依靠自己的力量来发展他们需要的全部知识和能力是一件花费大、效果差的事情，通过建立战略联盟、知识联盟来学习优势企业的知识和技能则要便捷得多。来自不同公司的员工在一起工作、学习还可激发员工的创造力，促进知识的创造和能力的培养。

（二）资源的不可模仿性

1. 因果关系含糊

企业面临的环境变化具有不确定性，企业的日常活动具有高度的复杂性，而企业的租金是企业所有活动的综合结果，即使是专业的研究人员也很难说出各项活动与企业租金的关系，劣势企业更是不知该模仿什么，不该模仿什么。并且，劣势企业对优势企业的观察是有成本的，劣势企业观察得越全面、越仔细，观察成本就越高，劣势企业即使能够通过模仿获得少量租金，也可能被观察成本所抵消。

2. 路径依赖性

企业可能因为远见或者偶然拥有某种资源，占据某种优势，但这种资源或优势的价值在事前或当时并不被大家所认识，也没有人去模仿。后来环境发生变化，形势日渐明朗，资源或优势的价值日渐显露出来，成为企业追逐的对象。然而，由于时过境迁，其他企业再也不可能获得那种资源或优势，或者再也不可能以那么低的成本获得，拥有那种资源或优势的企业则可稳定地获得租金。

3. 模仿成本

企业的模仿行为存在成本，模仿成本主要包括时间成本和资金成本。如果企业的模仿行为需要花费较长的时间才能达到预期的目标，在这段时间内完全可能因为环境的变化而使优势资源丧失价值，使企业的模仿行为毫无意义。在这样一种威慑下，很多企业选择放弃模仿。即使模仿时间较短，优势资源不会丧失价值，企业的模仿行为可能会耗费大量的资金，且资金的消耗量具有不确定性，如果模仿行为带来的收益不足以补偿成本，企业也不会选择模仿行为。

三、动态能力理论

动态能力理论是在演化经济学、资源基础观理论以及核心能力理论的基础上发展起来的，企业被置于不确定环境中，考查企业如何通过整合、构建、重新配置内外部资源和能力生成一种新能力，使其适应快速变化的环境。该理论假设，相比低动态能力的企业，高动态能力的企业具备更多优势。该理论的目的是阐释企业在回应和创造环境过程中，如何采用动态能力来创造和维持相对于其他企业的竞争优势。动态能力被称为"一级"能力，因为它指的是有意改变产品、生产流程、标准或企业服务的市场。当组织通过整合、构建和重新配置其内外资源和能力来适应快速变化的环境时，该组织就具有高动态能力。概括而言，组织能力是对现有资源的有效开发，而动态能力是对新机遇的有效开发和实施。

Helfat 等（2007）提出，动态能力是组织有目的地创造、扩展或修改其资源基础的能力。组织的资源基础包括实物、人力和组织资产。动态能力是一种习得的、稳定的行为模式，企业通过这种行为模式可以系统地创建和调整其运作方式，从而提高企业的效率。在对动态能力内涵把握的基础上，确定了评价企业能力的两个标准：一个是技术适应性，一个是进化适应性。技术适应性是指能力被有效发挥的程度与其所产生的成本的比值；进化适应性是指企业通过创建、扩展或调整其资源基础，以超越其他企业从外部获取生存的能力。

Teece（2007）提出动态能力可以分解成三种能力，即感知与描述机遇和挑战的能力；把握机会的能力；通过加强、联合、保护，必要时重新配置企业有形、无形资源进而维持其竞争力的能力。企业实际上是将其组织能力重新组合或重新配置成更适应其环境的新能力。这些能力可以帮助企业创建新的路径、位势和流程，并为企业带来相对于其他企业而言更为持续的竞争优势。

Pavlou 和 Elsawy（2011）构建了有关动态能力模型的框架——感知能力、学习能力、整合能力和协调能力。根据动态能力模型框架，企业可以通过感知能力来发现、解释和寻求来自其内部与外部刺激的机会；使用学习能力来确定组织需要学习的内容，重构或修改的内容，并在此基础上获取新的知识；运用整合能力综合了解并对其运营能力进行必要的改变；利用协调能力来对组织内外的环境因素、相关利益者进行协调，具体详细地调查内外部环境刺激。

Wang 等（2007）提出动态能力是一个企业持续的整合、重新配置、更新和再造其资源和能力，并且更为重要的是，升级和重构其核心能力以在变化的环境中保持竞争优势的行为导向。

焦豪等（2007）针对中国企业的实际情况，提出动态能力包含环境洞察能力、变革更新能力、技术柔性能力和组织柔性能力。即企业只有以提供利益价值满足顾客需求为努力目标，依靠环境洞察能力和快速反应能力，才能在变革更新动力的作用下，根据企业洞察到的环境变化，通过技术柔性能力和组织柔性能力进行价值链配置与整合，以及资源配置与整合动态要适应复杂变化的环境，最终取得企业所拥有资源与知识和所处环境的动态匹配。

总体来看，学者们对动态能力有着不同的理解，也说明动态能力的研究仍然处于探索阶段。但是在关键内容上，学者们还是达成了共识，即经济是不断进化的，能力的创新尤为重要，而这种创新来自于不断地学习。

第二节　变量的定义和测量维度

一、组织忘却学习

（一）组织忘却学习内涵

Akgun、Tsang 和 Zahra 将组织忘却学习界定为对过时知识的扬弃，以促进企业构建适应新环境以及完成创新的能力。

卢艳秋等（2015）提出组织忘却学习是组织摒弃过时或陈旧的惯例和行为规范的改变，降低组织惰性和刚性，使组织在动态环境中更具柔性。

本研究认为忘却学习是客观存在于组织内部的、独立的学习过程，指组织对不再满足发展的需要，或产生阻碍作用的惯例、信念进行主动遗忘，并通过搜寻、整合、吸收组织边界内外的新知识对惯例和信念进行变革的过程，既包含组织遗忘，也包含惯例和信念的变革。

（二）组织忘却学习的划分维度

Tsang 和 Zahra 在已有研究基础上，将其定义为"扬弃组织的范式，以为新的范式创造条件"，并提出两个重要维度：组织遗忘、惯例和信念变革。组织遗忘是指组织知识在增加的同时，知识本身也会变得陈旧，因此需要丢弃这些陈旧的、误导性的知识。本研究认为组织遗忘是对组织存在的废弃的，陈旧的，对组织的发展产生阻碍作用的知识摒弃的过程。惯例和信念变革是指在组织遗忘的基础上，对目前存在的惯例和信念进行变革，使其符合组织发展和市场需要的新惯例和信念。

二、创业导向

（一）创业导向内涵

创业导向来源于战略管理领域内学者对战略决策模式的研究，其理论根源可以追溯到战略选择的理论观点，这一观点强调企业通过对市场的分析，从而进行有目的的战略选择行为，进而有效地实施对新市场的进入行为。创业导向不但是描述企业从事于追逐新事业、应对环境变化的一种特定心智模式，而且也提供了一个分析企业整体精神氛围的有用框架。创业导向可以从创新性、风险承担性和超前行动性进行划分。

（二）创业导向的划分维度

Miller（1983）、Covin 和 Slevin（1989）将创业导向划分为创新性、风险承担性和先动性三个维度。创新性表现在新的构想的产生、研发活动的活跃以及新产品的推出上，反映了企业追求新机会的重要倾向。风险承担性是指企业愿意在结果极不确定的情况下开展商业活动的承诺意愿。从财务的观点来看，风险与报酬总是成正比的，高报酬意味着高风险，因此创业型企业往往采用财务杠杆或投入大量资产的方式来获取高回报。但是创业不一定就代表着高风险，成功的创业家总会设法界定需要承担的风险，然后尽量降低风险。超前行动性是指企业直接向竞争对手发起挑战或是采取非传统性手段来巩固自己的市场地位（或竞争优势）的倾向。

现有的相关文献对创业导向的研究比较多，内容丰富且覆盖面也比较广。有研究将创业导向作为前因变量，也有一些是研究创业导向的影响作用，还有部分研究将创业导向作为中介变量和调节变量进行研究。在研究创业导向的前因变量和创业导向直接影响的变量的文献中，研究范围相当宽泛。学者们通过研究发现，影响创业导向的因素包括组织学习、市场导向、技术政策、资源获取等。在探索创业导向的结果变量中，很多学者研究了创业导向对企业竞争力、企业绩效、创业绩效的影响作用。随着创业导向的不断演化，很多学者将研究重心放在了考量创业导向的调节变量和中介变量上，使对创业导向的研究更加丰富。本研究的出发点也属于这一层面，验证创业导向在忘却学习与竞争优势之间的中介作用。

三、环境动态性

环境动态性是指感知环境变化的高度不稳定性或不可预测性，主要包括由快速技术变革和技术进步所导致的技术生态性和由顾客需求快速变化为核心所导致的市场动态性。环境变动的方向、范围等限定着组织创新的速度、方向和实现空间，组织需要有较强的识别和应变能力来随时应对外界环境变化，明辨组织需要采取的行动，为企业发展创造机遇。

在快速变化的环境和高度不确定条件下，组织需要以高度警惕性不断增强其自身实力从而免于淘汰，因此环境动态性可能对组织产生积极作用。实证研究曾表明在互补资源与创新资源对企业绩效的协同作用下，环境动态性起到显著的正向调节作用。环境动态性越高，其组织也越倾向于利用互补和创新资源来提升组织绩效。

同时，在动态环境下，组织面临着极大的困境和挑战，一方面，企业管理者需要更谨慎地处理潜在和实际的决策难题；另一方面，企业员工可能会因环境动荡而产生对组织前景的担忧，可能加深环境动态性对组织的消极影响。Shen 和 Li（2010）研究发现，环境越动荡，企业越难集中精力来加强内部建设，使得企业没法推进协作，从而负向调节组织内部联盟和创新绩效间的关系。

四、竞争优势

从资源基础观的角度来看，竞争优势是一种差异化的独特能力，企业只要拥有这样的能力就能在激烈的竞争中击败对手。成功的企业之所以能够取得成功，就是因为他们拥有某种特殊的位势，即某种竞争对手所没有的独特资源与能力的组合，这种组合是促进企业成长并占据市场领先地位的基础。

从能力基础观角度出发，企业能力就是竞争优势的组成与来源。能力观着重强调核心能力和竞争能力是竞争优势的基础。核心能力根植于集体学习过程，是企业长期依靠不断学习形成的一种能力，要通过企业的生产活动和流程才能展现出来。竞争能力之所以能够成为竞争优势的来源和组成部分，主要是因为面向外部的能力能够确保企业洞察竞争对手的战略全貌，为企业应对竞争赢得时间，这也是企业获得竞争优势的外部基础。通过整合并维系可持续竞争优势，才能在市场上展示与众不同的竞争力。

基于动态能力视角的竞争优势研究已经将企业内部因素（资源和能力）与外部环境因素（产业和市场需求）整合在一起，呈现一定的融合趋势。因此，企业的竞争优势应该是企业各项能力的集合，资源整合是企业构建竞争优势的基础。

第三节　研究假设

一、忘却学习与创业导向

组织的创业活动离不开组织学习，其本身就是学习的过程。组织在长期的发展过程中，对内部资源的利用和外部环境的反应都已经形成了固化的范式，导致整个组织团队僵化，降低了组织对外部变化的反应速度，甚至形成组织惰性，无益于组织创业；而创业导向型的企业善于观察环境变化，勇于创新，敢于向竞争对手发起挑战。忘却学习活动首先通过对陈旧、误导性知识的遗忘，给组织提供了思维空间，扩大了创业范围视角，激发了企业家的创业热情，是"不破不立"的体现；同时，通过知识的引入对惯例和信念的变革，为组织创新活动提供新的思路，有利于组织开发新产品、拓展新渠道、实施新战略，表现出"变则通"的效果。

不断创新和超前行动成为企业最重要的战略选择。技术创新能力取决于组织整合、重构和配置组织内部资源的能力。作为源于组织学习理论的忘却学习能够改进常规运作的系统方法，促进惯例和信念的演化，并且通过修正其行为模式，为创新形成系统稳定的知识积淀。组织遗忘是组织开发创新性新产品的前提。组织通过打破组织原有的思维模式、行为方式、文化制度等，为组织开展创新活动和实施超前行动提供自我更新的氛围。在遗忘活动的基础上，通过开展创新知识搜寻活动，吸引新的知识和理念改变现有的惯例和信念，更新了员工的认知结构和观察能力，提升了获取新信息和分析知识的能力，有利于组织更好地将新想法实施在工作中。卢艳秋认为，通过对现有惯例和信念的变革能够促进利用式创新，而建立和创造全新的惯例和信念能够促进探索式创新；Augün 等也通过实证分析，验证了在新产品开发过程中，改变现有的惯例和信念对新产品创新具有重要的影响。通过遗忘旧知识，惯例和信念的变革既能够促进组织创新，又能够激发企业家的敏锐性和快速反应能力，以创新性产品为先动优势开展超前行动。因此，本研究提出下面的假设。

H1a：组织遗忘能够对创业导向的创新和超前行动性具有正向影响。

H1b：惯例和信念变革对创业导向的创新和超前行动性具有正向影响。

风险承担性是指组织在结果极不确定的情况下开展商业活动的承诺意愿。从企业家的经验而言，风险越大报酬越高。企业家在开展高风险活动以前已经做好了承担风险的准备，也就是说，对于卓越的企业而言，组织的惯例和信念、文化氛围塑造、技术能力等资源配置已经为组织营造了柔性、宽松的情景。在这种情景中，企业家愿意承担风险，但尽量降低风险。在相对均衡的市场环境中，组织的惯例、规范逐渐固化，组织惰性越来越强，组织的思维模式和行为方式趋于统一，组织倾向于实施常规化和大众化的商业模式，而不愿进行风险型决策。组织忘却学习打破了组织原有的工作模式，开拓了组织的思维领域，并能够激发组织的责任感和干事业的决心。只要敢于遗忘，敢于质疑组织的惯例和信念，就能够突破组织的囹圄，敢于承担风险开发新产品、拓展新市场、采用新的商业模式等。组织遗忘能够扬弃废旧知识，促进新知识和新信息的引入。遗忘活动为扩展思维、提出新奇创意提供了平台和空间；对现有信念和惯例的变革，通过搜寻环境中的最新信息，协助企业在开展风险活动前进行更精确和翔实的风险预估，追逐和把握市场机会，愿意在不确定项目中投入较多资源。因此，本研究提出如下假设。

H2a：组织遗忘对创业导向的风险承担性具有正向影响。

H2b：惯例和信念变革对创业导向的风险承担性具有正向影响。

二、创业导向与竞争优势

竞争优势是企业在市场竞争中具备的相对于竞争对手而言特定的市场优势，并且凭借该优势获得超额利润，或实现高于行业平均水平的盈利能力。竞争优势的来源问题一直是学者们关注的焦点。成功的企业之所以能够获取竞争优势，是他们拥有某种特殊的位势，而特殊位势的获得，要么是他们具有某种独特资源组合，要么是他们具有柔性和动态能力。有学者从创业角度提出，企业只有实施与企业战略相吻合的创业导向，以创新应对变化，及时抢占市场先机，才能拥有可持续的竞争优势。

伴随着外部环境动态性加剧，企业纷纷实施创新性、超前行动性和承担风险性的创业导向战略。创业行为是组织利用现有资源组合拓展新市场，搜寻新资源实现多元化发展的过程。已有研究表明，创新是企业持续成长、获取竞争优势的关键因素，而缺乏创新意识和创新行为，将无法适应竞争激烈的市场环境，无法获取竞争优势。创新是指通过利用组织内外部资源对现有产品进行改进或开发新产品以满足消费者需求的做法，同时也包括使用新技术、新的管理模式等。组织的创新能力越强，越有利于企业资源整合和知识转化，有助于组织实施差别化战略，塑造独特的产品优势，产品创新和模式创新有利于组织形成企业的短期优势，技术创新有利于形成企业的长期优势。超前行动性体现出企业家的敏锐的商业洞察力，凭借市场经验，在其他竞争对手还未开发该产品或进入某新市场之前，洞察消费者需求和市场动向，领先一步开展创新活动，或先于竞争对手在目标顾客群中树立良好的企业形象或顾客忠诚度。Lumpkin和 Dess 提出创业导向的超前行动性能够使企业较竞争对手更快一步感知市场变化并开展市场活动，对组织绩效有促进作用。

在市场经济不平衡并呈现复杂性、多样性特征的中国独特文化背景下，超前行动和创新的组合将更有利于组织在激烈竞争的环境中提升组织竞争力，占据竞争优势。通过超前行动进行创新，比竞争对手更快地推出适应顾客需求的新产品，覆盖更大的细分市场，把握市场主动；或创新地开展超前行动，例如新的营销模式、新的分销渠道、新的竞争策略等，从战术上赢得竞争对手。组织在创新和超前行动并重的创业导向下，能够敏锐地洞察环境变化，致力于技术创新和研发，关注竞争者的动向，提高组织柔性和适应力，获取并保持组织的竞争优势。

风险承担性反映了组织在追求高风险、高回报业务和项目时所做的资源承诺。企业创业需要冒风险，一个成功的企业需要多次经历冒风险的活动。美国著名的《商业月刊》评选出 20 世纪 80 年代最有影响的 50 名企业界巨头，他们所具有的基本素质第一条就是具有冒险精神。风险承担性指企业在未来风险不确定的情况下开展商业活动，风险性越大所带来的收益也越丰厚。杨元庆在对联想技术研发部门工作指导时，谈到"做企业本身就是冒风险，而企业领导必须敢于冒风险"，做技术创新就要"不撞南墙不回头"。Christensen 研究发现，以风险承担性为主要推动力的企业创新和企业经营活动为企业竞争优势提供了长期基础。因此，本研究提出以下假设。

H3a：创业导向的创新和超前行动性对组织竞争优势具有正向影响。

H3b：创业导向的风险承担性对组织竞争优势具有正向影响。

综上所述，组织遗忘、惯例和信念变革能够促进创业导向，而创业导向的创新和超前行动性、风险承担性能够促进组织竞争优势的形成，创业导向在组织忘却学习与竞争优势之间承担着传导作用。通过组织忘却学习，遗忘组织中废旧的、误导性知识，并进行惯例和信念的变革有利于激发组织的创新性和超前行动性，激发组织的风险承担意识，进而提升组织的竞争优势。因此，本研究提出以下假设。

H4：创业导向在组织忘却学习和竞争优势的关系中起中介作用。

三、环境动态性的调节作用

创业导向的企业通过产品、市场创新并先于竞争者进入市场赢得市场先动优势，敏锐洞察市场机会并大胆承担风险获取超额收益。创业导向作为企业的一种战略导向,在企业中营造了创新、先动的竞争氛围,体现了企业的决策风格、决策方法等。创业导向企业追求动态的外部环境,在不确定的市场环境条件下,创业导向对组织竞争优势的影响作用更加突出。环境动态性是指外部环境持续变化而带来的不稳定性和难以预测性。动态的外部环境为创业企业提供了机遇。相比较稳定的市场环境,外部环境动态性越强时,尤其是面对环境威胁时,企业会提高创业方向和员工行动的一致性,整合组织资源开展创新,开拓新市场,拓展新业务,而不固守原有的业务模式。组织会主动开展创新活动,开发新技术,推出新产品,并较竞争对手开展超前行动,以获取先动优势;同时企业会抓住环境中的机遇,开展风险性大但回报率高的商业活动,以期获取战略优势。因此,本研究提出以下假设。

H5a:环境动态性正向调节了创业导向的创新与超前行动性对竞争优势的影响作用。

H5b:环境动态性正向调节了创业导向的承担风险性对竞争优势的影响作用。

同时本研究认为,环境动态性使组织能够正视组织的现状,识别组织中无效的、陈旧的知识,更可能在组织忘却学习过程中激发组织的创业导向,进而促进组织竞争优势的获得。环境动态性包含技术动态性和市场动态性。一方面,高的技术动态性促使组织现有的技术、知识等快速过时,组织开展忘却学习活动,能够不断识别、获取和利用新知识和新技术,促进组织开展创业活动,降低组织惯性,激发组织成长和发展,提升组织竞争优势;另一方面,市场动态性使组织在开展旧知识遗忘过程中,不断获取新的创意和想法,促进组织探索和变革,引导组织创新、敢于承担风险,从而使组织在忘却学习过程中,激发创业意向和行动,继而提升组织竞争优势。因此,本研究提出以下假设。

H5c：环境动态性正向调节了创新与超前行动性在组织忘却学习与竞争优势之间关系的中介作用。

H5d：环境动态性正向调节了风险承担性在组织忘却学习与竞争优势之间关系的中介作用。

基于以上分析，共提出了11个假设，初步构建了组织忘却学习对竞争优势影响机制概念模型，包括：组织忘却学习与创业导向、竞争优势的关系；创业导向与竞争优势的关系，以及环境动态性的调节作用。如表3.1所示。

表3.1　研究假设总结

假设序号	假设编号	假设内容
1	H1a	组织遗忘能够对创业导向的创新和超前行动性具有正向影响
2	H1b	惯例和信念变革对创业导向的创新和超前行动性具有正向影响
3	H2a	组织遗忘对创业导向的风险承担性具有正向影响
4	H2b	惯例和信念变革对创业导向的风险承担性具有正向影响
5	H3a	创业导向的创新和超前行动性对组织竞争优势具有正向影响
6	H3b	创业导向的风险承担性对组织竞争优势具有正向影响
7	H4	创业导向在组织忘却学习和竞争优势的关系中起中介作用
8	H5a	环境动态性正向调节了创业导向的创新与超前行动性对竞争优势的影响作用
9	H5b	环境动态性正向调节了创业导向的承担风险性对竞争优势的影响作用
10	H5c	环境动态性正向调节了创新与超前行动性在组织忘却学习与竞争优势之间关系的中介作用
11	H5d	环境动态性正向调节了风险承担性在组织忘却学习与竞争优势之间关系的中介作用

第四节 模型构建

根据变量综述研究和逻辑推理，本研究做出如下结论。

（1）组织忘却学习对创业导向具有正向的影响作用。其中组织遗忘能够正向地促进创新和超前行动性，风险承担性；惯例和信念变革能够正向促进创新和超前行动性，风险承担性。

（2）创业导向对竞争优势具有正向的影响作用。其中创新和超前行动性能够正向促进竞争优势；惯例和信念变革能够正向促进竞争优势。

（3）创业导向在组织忘却学习和竞争优势的正向关系中起中介作用。

（4）环境动态性调节了创业导向与竞争优势之间的关系，也正向调节了创业导向在组织忘却学习和竞争优势之间关系的中介作用。

理论模型如图 3.1。

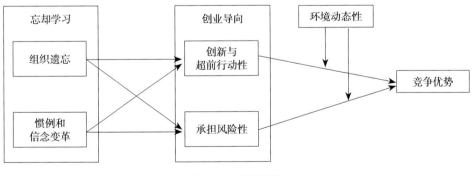

图 3.1 理论模型

第四章　研究设计

  第三章在回顾相关文献的基础上，提出了理论假设。研究假设是对某种行为、现象或事件做出的一种合理的、尝试性的并有待检验的解释。假设表明研究者对于研究结果的一种预期，对于研究问题中变量间关系的一种假设。假设提出后需要采用收集的数据和事实来检验、验证结果是否成立。其中，最为关键的环节为概念化过程如何转化为可操作的研究过程。此外，根据管理研究方法理论，在实证研究中，数据收集与观测通常有实验研究、统计研究、实地研究以及无干扰研究等多种形式。其中，统计研究中的问卷法和访谈法是最为常用的数据调研方法。本研究中，拟采用问卷法收集数据，但由于在问卷使用中存在许多问题，比如问卷设计不完善、不科学、不严谨，使得如何设计科学合理的问卷成为实证研究的重要问题。因此，首先要阐述问卷设计的思路，然后详细叙述变量指标的测量过程，最后具体分析样本的收集及其统计分析过程。

第一节 问卷设计和优化

一、问卷设计的内容和基本原则

本研究的主要目的是在于厘清组织忘却学习对提升组织竞争优势的影响机制，以及在创业导向和环境动态性的影响下，组织忘却学习对竞争优势的影响作用的变化机制。主要包括组织忘却学习通过创业导向进而促进竞争优势的提升过程，以及环境动态性的调节作用。因此本研究问卷的主要内容包括：被试者及其所在组织的基本信息，包括被试者的工作年限、企业规模、企业成立年限、企业性质、所在行业。主要用于分析样本企业的基本情况，结合相关研究文献与本研究内容及目的，为实证分析提供潜在的控制变量。样本企业的组织忘却学习情况，主要分析组织忘却学习中的组织遗忘、惯例和信念变革状况，为本研究的实证研究提供自变量数据资料。样本企业的创业导向状况，用以分析其在组织忘却学习影响竞争优势过程中的中介作用。环境动态性的基本信息，主要分析外部环境对组织忘却学习过程的影响作用。

问卷设计的作用在于通过设计出便于研究的准确、完整的问卷，有利于收集到有效的信息资源。为此，为了提高问卷设计的质量，保障收集到的问卷的有效性和可信性，问卷设计需遵循以下6方面原则。

（一）目的性原则

调查问卷的目的是为了获取有效的信息资料，为研究分析提供可靠的数据资料。本研究主要围绕组织忘却学习、创业导向和组织竞争优势的形成来设计问卷。

（二）逻辑性原则

问卷具有逻辑性，保证问卷中的测量题项先易后难、先简后繁、先抽象后具体的原则。保证问卷填答者能够轻松地填答问卷，确保获取的信息准确性更高。

（三）非诱导性原则

非诱导性指的是测量题项在设计中不参与提示，或在问卷调查过程中不给予诱导性的提示，完全由填答者独立、客观地完成调查。

（四）一般性原则

一般性原则是指问卷题项的设置具有普遍意义。研究中使用既往研究中成熟的问卷，并且具有较高的信度和效度，以保障问卷的准确性。

（五）明确性原则

明确性是指问题设置的规范性。命题是否准确，提问是否清晰，是否便于回答等。明确性原则直接关系到问卷的有效性。

（六）方便处理的原则

方便处理原则是在问卷设计过程中应考虑到调查结果便于整理、检查和分析。例如方便对调查结果进行比对、审核，保证其准确性和有效性。同时方便处理原则也应该有利于数据的统计分析。

二、设计方法和流程

问卷设计是问卷调查中非常重要的环节，问卷本身的科学性、合理性、规范性直接影响了问卷的填答质量和回收处理效率，进而影响了数据的信度和效度。因此，为了设计出科学、合理、有效的问卷，本研究采用以下方法进行设计。

（一）借鉴或采用国内外文献中已经使用过的量表

国内外经典文献中成熟量表一般都具有较高的信度和效度，具有一定的移植性和通用性。研究中的组织忘却学习、创业导向、环境动态性和竞争优势均采用经典文献中的成熟量表。

（二）实地访谈法

本研究以企业为载体，在问卷设计的整个阶段，作者与企业的人力资源管理部门、企业部分高层进行深入访谈和调研。在调查前期主要与高层管理者进行访谈，询问其问卷的内容、形式、题项设置、语言专业性与通俗性等方面是否符合企业调查，并进行了充分的交流和探讨，获取了研究中相关的资料信息以及意见和建议，使问卷具有良好的实践基础。

（三）咨询相关专家的建议

在问卷设计的整个过程中，作者与组织学习领域的专家进行沟通，针对问卷设计、调研中存在的问题进行咨询和探讨。在问卷初步完成后，作者咨询了组织学习领域、创业领导的相关专家，征询其意见和建议，并进行了多次修改、补充。

　　问卷调查法普遍存在于管理学相关研究中。一份科学、合理、有效、简洁的问卷是开展实证研究的重要前提和基础。本研究的问卷设计由以下4个方面构成。

　　（1）收集、整理、归纳分析有关组织忘却学习、创业导向、环境动态性和竞争优势等相关的参考文献，参考和借鉴相关研究内容，对相应的量表或测量题项进行选择、修订。

　　（2）设计问卷初稿，咨询组织学习、创业研究等方面的专家，根据专家的意见和建议对问卷进行修改和完善。

　　（3）通过与样本企业的高层管理者和核心员工进行访谈交流，征求他们对问卷内容及调查过程的意见。

　　（4）开展预测试，向管理者及其员工发放问卷进行小范围的预测试。根据预测的结果及填答问卷的感受与体会，进一步修改测量题项内容及格式，最终形成研究的调查问卷。

三、问卷设计

　　本研究的调查问卷包括封面信、指导语及测量题项。封面信也称为卷首语，其基本作用是在于介绍调查内容及目的，解释调查的价值和意义；指导语主要指的是被试者如何正确地填答问题；问题部分主要是对组织的学习行为，创业行为的测量。本研究的问卷主要采用的是封闭式问卷形式。答案采用李斯特五维量表，该量表主要反映的是被试者对某事物或某事件的态度和看法。"1~5"依次表示为"完全不同意、不同意、一般、同意、完全同意"或者"非常符合、不符合、不确定、符合、完全符合"。一般而言，问卷填答者通常具有主观性，可能会导致问卷结果的偏差。根据相关研究，主要由四个方面的原因可能导致问卷填答出现偏差：①被试者对选填答案不熟悉，不了解；②被试者知道该如何选择，但是缺乏有效填答问卷的意愿和动机；③被试者对问题答案信息不能回忆；④被试者对所提问题不能理解。

为了提高问卷的信度和效度，保证实证研究的有效性。在问卷设计中遵循基本原则，采取一些优化措施以降低问卷的错误和偏差至关重要。比如，对于上述第一个方面的原因，作为问卷设计者应充分考虑被试者的教育背景、文化水平、社会阶层等方面，对于本问卷而言，需要考虑选择熟悉企业情况的中高层领导作为被试对象，这样可以有效提升问卷填答的质量和回收效率；此外，通过一定的方式激励被试者填答问卷的兴趣和动机以提高问卷的完整性和回收率，由于我们的调研是在课堂上开展的，因此可以将填答问卷作为学生的平时成绩来激励其感兴趣并高效完成问卷。指导语对于问卷填答质量也很重要，需要在适当的地方言明"本调查仅用于学术研究，绝不涉及相关的商业应用，请您放心填答"。这样可以有效降低第二种原因所导致的问题；对于第三种原因，要求在问卷设计时应主要针对企业或员工当前的情况或状态；对于第四个方面的原因，调查问卷的预测试也非常必要，在咨询相关专家学者和企业管理者的基础上，对于问卷的整体结构、用词规范、表达方式、选项多寡等问题进行不断完善和修正，提升问题项表达的准确度，有利于被试者更为容易地理解问题及其题项。

四、问卷调查过程

将实证研究分成小样本测试和大规模调研两个阶段。问卷设计的合理性直接影响所收集数据的效度以及后期对研究假设检验的结果，所以小样本测试是问卷设计的必经之路，主要目标是为正式的大样本调查完善问卷，具体包括两部分工作：一是深度访谈，确保问卷题项的合理性；二是对测量量表进行效度和信度评估，并根据结果对量表进行必要性修正，为下一步大样本研究提供正式问卷。

第一阶段：在调研问卷初稿完成后，进行了问卷题项的深度访谈，访谈目的在于：① 通过访谈了解被访者对测试变量的理解，使题项真正涵盖了所测变量的主要方面；② 确保题项能够真正表达出所测量变量的主要内容；③ 测试题项表达的准确性，防止出现理解上的歧义；④ 确定题项能得到被测者真实、准确的回答；⑤ 了解所建立的概念模型是否符合被测者的实际情况。

为了解调整之后测量问卷的合理性，在正式问卷形成以前，还需要通过小规模测试的方式，对相关变量测量量表的有效性进行分析和评估，并依据分析的结果，对测量项目中不合格的题项进行修正或删除，测量量表的有效性评价主要包括信度和效度评价两个方面。

第二阶段：进行大规模的调研。假如，我们通过调查问卷的形式对长三角区域的南京、常州、太仓等多个城市的高科技企业进行数据采集，主要涉及能源化工、生物医药、航空航天等行业。主要以在江苏某大学进修的MBA、EMBA企业中高层管理人员为调研对象，在课程中进行现场问卷填答。数据主要通过两阶段数据收集方式，第一阶段收集了忘却学习、创业导向的数据，两个星期以后，对环境动态性和竞争优势进行数据收集。现场发放问卷 400 份，剔除填写不完整、多项问题答案一样等无效问卷后，回收有效问卷共 263 份。

第二节 变量测量

研究中所使用的变量都属于潜变量，采用李斯特五维量表法进行测量。基于相关文献，本研究分别对组织忘却学习、创业导向和竞争优势进行了测度。

一、组织忘却学习

Holan 和 Plillips（2004）提出忘却学习包括意外忘却、主动忘却、疏于监督和放弃创新 4 个方面。Augun（2006）指出组织忘却学习包含构成型忘却、操作性忘却、再创型忘却和调整型忘却。Baker（2005）将忘却学习分成了个体忘却学习和组织忘却学习两类。Yang 等（2014）在 Augun 研究的基础上，从供应商和客户关系角度提出忘却学习包含组织遗忘、范式和惯例的变革，提出忘却学习包含 11 个题项，其中组织遗忘 3 个题项，分别为：项目实施之后，你与你的供应商和客户的工作关系更加密切；你经常与你的供应商和客户进行沟通；你经常与你的供应商和客户进行互动。范式和惯例变革包含 8 个题项，分别为：产品开发流程发生了变革；信息共享机制（例如备忘录，电子邮件，电话会议）发生了变革；产品开发工具（软件程序）发生了变革；团队对客户产品特性需求的观念发生了变革；技术进步的速度发生了变革；市场接受速度发生了变革；新产品开发过程的需求发生了变革；此新产品开发所需要遵循的步骤发生了变革。Cegerra 等（2005）提出组织忘却学习包含了识别问题、改变认知和形成新知识三个维度，并开发了相应的量表。该量表包含 9 个题项，每个维度由 3 个题项组成。

我国学者对组织忘却学习的相关问题进行了研究。

卢艳秋等（2015）借鉴 Augun（2006）的研究成果，从组织惯例的改变和组织信念改变两个方面对组织忘却进行度量。采用的指标为：组织能够根据外界环境的变化改变新产品开发程序；组织能够改变其内部信息共享机制；组织能够不断优化其团队决策流程；公司会引入和以前公认的经验及技能相冲突的新知识；公司乐意从不同途径获取新技术。

郭雯（2013）、曾俊健等（2010）、黄杜鹃等（2015）围绕组织忘却学习展开研究，并对组织忘却学习的测量量表进行了修订和完善。他们认为组织忘却学习主要包括主动组织遗忘的内容，并提出了 10 个题项对组织遗忘进行测量，包括：企业高层经常调整企业模式、经常检查业务流程、批评过时的工作方式、阶段性整理知识库、员工相互监督不要陷入原有错误的工作方法；企业制订有效的培训和学习计划、引进新的管理工具和流程、进行技术交流、员工间相互讨论不足及错误、对新知识学习消化后才运用。

综合以上研究成果，本研究主要借鉴 Augun 等研究成果，同时借鉴了国内学者卢艳秋等结合中国企业修订和完善的量表，结合本研究的内容，对卢艳秋等所使用的量表进行修订和完善，采用李斯特五维量表法。提出组织忘却学习包括组织遗忘、惯例和信念变革两个维度，共 7 个题项，组织遗忘维度包含 3 个题项；惯例和信念变革包含 4 个题项。见表4.1。

表 4.1　组织忘却学习测量题项

变量		编号	测量题项
忘却学习	组织遗忘	UN1	我们企业能够根据外界环境的变化，改变新产品的开发程序
		UN2	我们企业能够根据环境的变化，改变其内部的信息共享机制
		UN3	我们企业能够不断优化其团队决策流程
	惯例和信念变革	UN4	我们企业能够不断地调整旧惯例和旧流程以适应新的变化
		UN5	我们企业能够为信念和惯例的改变提供良好的环境
		UN6	我们企业会引入和以前公认的经验及技能相冲突的新知识
		UN7	我们企业乐意从不同途径获取新技术

二、创业导向

不同的学者根据研究内容和研究背景不同对创业导向提出了差异性的测量方法。Miller（1983）采用环境、结构、战略和领导者特质来对创业的有效性进行测量，并将创业导向划分为创新、超前行动和风险承担。Lumpkin 和 Dess（1996）在 Miller 研究的基础上，提出创业导向的定义，并在测量维度上增加了自治性和竞争积极性。Morris（1998）构建了创业程度和创业频率的两维度模型，并借分析大公司不同创业行为，引入创业强度的概念。张玉利等（2006）将创业导向的维度综合成两个方面：一个是创新性和先动性，一个是风险承担性。焦豪等（2008）沿用了张玉利等的维度划分方法，结合中国企业的实践验证了该划分方法的科学性和有效性。

本研究沿用张玉利和焦豪的研究观点，将创业导向分为创新性和先动性、风险承担性。创新性和先动性指的是企业在与竞争对手的竞争过程中能够先于竞争对手开展创新，形成创新思维方式，支持创新想法，并大胆尝试，大胆激进；风险承担性则倾向于表示在不确定的情况下，愿意参与新项目，敢于冒风险。共包含 7 个题项，其中创新和超前行动性 4 个题项，风险承担性 3 个题项。见表 4.2。

表 4.2　创业导向测量题项

变量		编号	测量题项
创业导向	创新和超前行动性	EO1	我们企业通常主动挑战竞争对手，而不是被动响应竞争对手
		EO2	我们企业通常采取大胆的战略行动，而不是细微的战略调整
		EO3	与短期研发项目相比，我们企业在长期项目（大于 3 年）上投入更多
		EO4	在本行业中，我们企业通常是率先推出新产品的公司之一
	风险承担性	EO5	我们企业鼓励冒险精神
		EO6	接受高风险的商业项目
		EO7	通常我们实施那些已被证明可行的办法

三、环境动态性

现有研究中关于环境动态性的衡量主要分成两种。一种是以 Miller（1987）为代表，倾向于通过环境变化速度来对环境动态性进行测量，包括企业面临的顾客需求变化、产品技术变化和政府政策变化等。顾客需求变化是指顾客构成和偏好变化。产品技术变化指新产品、新工艺和新技术等。政府政策变化则是企业所处的外界大环境的变化；另一种是 Jansen（2006）从客户、行业、环境等变化对环境动态性加以衡量。本研究关于环境动态性的衡量更倾向于较为宏观的环境的动态性影响作用，因此借鉴 Jansen 等的研究测量量表，共包含 5 个题项。见表 4.3。

表 4.3　环境动态性测量题项

变量	编号	测量题项
环境动态性	ED1	我们企业所在行业的核心产品换代速度很快
	ED2	我们企业所在行业内技术变革的速度很快
	ED3	我们企业营销策略更换速度很快
	ED4	我们企业主要竞争对手的市场活动变得越来越难以预测
	ED5	市场上顾客需求越来越难以预测

四、竞争优势

竞争优势是指企业利用所控制的资源和内部培育的能力，在市场上获取高额绩效、占得领先地位，以此来维持优势和持续发展。Schulte（1999）提出竞争优势主要体现在效率、功能和持续性 3 个方面。效率主要从成本角度考虑企业的行为；功能从资源的角度研究资源对竞争优势的影响；持续性主要从客户、供应商和企业专有知识角度研究企业竞争优势的持续性问题。虽然也有研究从绩效层面来测度竞争优势，如市场占有率、市场份额以及客观的绩效的增长等，但是竞争优势与绩效还是具有一定的差异。本研究采用焦豪、董保宝等的研究量表，用 5 个题项进行测量竞争优势。见表 4.4。

表 4.4　竞争优势测量题项

变量	编号	测量题项
竞争优势	CA1	与行业竞争对手相比，我们企业能以较低的成本为客户提供产品或服务
	CA2	与行业竞争对手相比，我们企业能为客户提供多功能、高性能的产品或服务

变量	编号	测量题项
竞争优势	CA3	与行业竞争对手相比，我们企业能以更加快速、有效的方式执行操作流程
	CA4	我们企业能灵活地适应快速变化的市场并比对手更快地做出反应
	CA5	与行业竞争对手相比，我们企业更加重视客户的需求
	CA6	与行业竞争对手相比，我们企业的市场份额增长更快

五、控制变量

同时选取企业规模、企业成立年限、企业性质、所在行业以及被试者工作年限为控制变量。其中企业规模用企业人数来反映，一般认为规模越大，成立时间越长，开展忘却学习越有必要；创业导向是一种组织内企业家精神的体现，企业家工作年限越久，越能够及时感知外部环境并在组织内部开展创业活动。除控制变量外，其余题项均用李克特七维量表进行计分。其中1—非常不同意，7—非常同意。

第三节　数据收集

一、样本选择

以长三角区域的高科技企业为样本，主要基于以下3方面考虑。

（1）长三角城市群是"一带一路"与长江经济带的重要交汇地带，在中国国家现代化建设大局和全方位开放格局中具有举足轻重的战略地位。该区域企业面临的外部经济环境复杂，高新知识更新速度比较快，开展组织忘却学习对组织是非常有必要的。

（2）该区域企业创新能力高，具有较高的创业倾向，并且竞争激烈。

（3）选取的企业主要涉及能源化工、生物医药、航空航天等行业，能够较好地反映研究的目的。对于研究组织忘却学习如何通过提升组织的创业导向进而促进组织的竞争优势的提升，并能够验证环境动态性的调节作用。

为了更好地实现研究目的，提升调研数据的有效性，选取的样本应符合以下 3 点要求。

（1）被调研企业至少成立 1 年以上。

（2）被调研企业应该具有一定的创新能力，能够独立生产、研发，并正常运营。

（3）样本企业规模要求企业员工在 5 人以上。

二、问卷发放和回收

本次调研从问卷的预调研、问卷的修订到正式问卷调研完成，共用了近半年时间。预调研中，主要在南京市江宁高新技术开发区选取了 30 个企业的负责人进行了访谈和问卷调查。在访谈过程中，一方面，对访谈对象所在企业的基本情况进行了解；另一方面，邀请其进行问卷填答并询问其问卷题项表达的情况，是否存在晦涩难懂，表述不清的情况。

正式测试阶段，采取经过测试修订的正式测试问卷，问卷提供了 30 个题项，其中忘却学习两个维度，共 7 个题项；创业导向两个维度，共 7 个题项；环境动态性 5 个题项；竞争优势 6 个题项；控制变量 5 个题项。主要以在江苏某大学进修的 MBA、EMBA 企业中高层管理人员为调研对象，在课程中进行现场问卷填答。数据主要通过两阶段数据收集方式，第一阶段收集了忘却学习、创业导向的数据，两个星期以后，对环境动态性和竞争优势进行数据收集。现场发放问卷 400 份，剔除填写不完整、多项问题答案一样等无效问卷后，回收有效问卷共 263 份。

第四节　数据分析方法

在设计了规范的问卷并进行数据收集后，就要对样本数据进行检验，以便能够更好地反映数据的特征，并对假设进行检验。选择有效的数据分析工具和方法对于检验数据的质量以及对研究的质量具有重要的影响。考虑到研究中涉及的变量组织忘却学习、创业导向、环境动态性和竞争优势均为潜变量，不易观测。因此，本研究主要采取样本描述性统计分析法、因子分析法、信效度分析法、回归分析法和调节效应方法等，对研究数据进行检验，在此基础上分析研究模型的有效性。

一、工具选择

实证研究中，选择合适的分析工具是十分重要的，能够有效地提升科学研究的效率和效果。根据研究的内容，选择了被国内外学者普遍认可的数据分析软件 SPSS 和结构方程模型分析软件 AMOS 作为主要的分析工具。多元回归分析方法综合运用了描述性统计和推论统计中各种概念和原理，适应了科学研究中的客观性、实证性、可重复性和概括性等特征，已经成为社会学、心理学和管理学实证研究中非常普遍和重要的数据分析方法。20 世纪 80 年代以来，结构方程模型迅速发展，成为一种较好的解决问题的工具。结构方程模型在社会科学、经济、市场、管理等研究领域频繁使用，能够处理多个原因、多个结果的关系。本研究主要采用多元统计软件对数据进行描述性统计分析、相关性分析、多元回归分析、中介效应和调节效应检验，并采用结构方程模型对变量的效度进行检验。

二、描述性统计分析与相关分析

描述性统计分析一般用来反映被调研对象的基本特征以及样本各变量间关联的特征，用以分析和解释样本数据。本研究将采用平均数、标准差、频数和频率等指标进行描述性统计分析。主要分析样本结构的频数；变量的均值、标准差及被调研者的性别、学历、年龄等基本信息。分析样本数据特征，为后续相关实证分析奠定基础。

相关性分析是指对两个或多个具备相关性的变量元素进行分析，从而衡量两个变量因素的相关密切程度。相关性的元素之间需要存在一定的联系或者概率才可以进行相关性分析。相关性不等于因果性，也不是简单的个性化。

（1）正相关：如果 x，y 变化的方向一致，如身高与体重的关系，$r > 0$；一般地，$|r| > 0.95$ 存在显著性相关；$|r| \geqslant 0.8$ 高度相关；$0.5 \leqslant |r| < 0.8$ 中度相关；$0.3 \leqslant |r| < 0.5$ 低度相关；$|r| < 0.3$ 关系极弱，认为不相关。

（2）负相关：如果 x，y 变化的方向相反 $r < 0$。

（3）无线性相关：$r = 0$。

三、信度与效度检验

信度和效度是评价一个变量质量高低的重要标准。在统计学中，效度和信度通常被理解为测量的正确性，或是指变量是否能够测量到其所要测量的潜在概念。效度系数越高，表示越能够测量到想要的测量概念。

（一）信度检验

信度（Reliability）是指测验或量表工作所测得结果的稳定性和一致性，反映通过该量表所得测试结果是否可靠、稳定。量表的信度越高，表明其测量标准误差越小。信度有外在信度和内在信度之分。外在信度是指在不同时间测量时量表异质性程度，通常使用"再测信度"表示；内在信度是指每一个量表是否能够测量一个单一的概念，量表内题项之间是否具有异质性。对于有多个题项的量表而言，内在信度尤其重要，内在信度可以使用 Cronbach α 系数、折半系数表示，但是在实际应用中，Cronbach α 系数是最常用到的内在信度指标。

不同学者在 Cronbach α 系数要达到什么取值才能反映该量表具有良好的内在信度的判断上不同。有的学者认为 Cronbach α 系数等于 0.7 是量表可以接受的边界值。如果 Cronbach α 系数如果低于 0.7，则表明这个量表的信度较差，测量结果不可取；如果 Cronbach α 系数在 0.7~0.8 之间，说明量表信度比较好；如果 Cronbach α 系数在 0.8~0.9 之间，则量表信度非常好。本研究选择 0.7 作为标准用来参照，即当本研究问卷题项的 Cronbach α 系数值高于 0.7 时，即认为其信度较高，从而接受问卷的测量结果。

（二）效度分析

效度（Validity）是指实际测量值能够反映测量意图所达到的程度。研究的效度包括内容效度、效标关联效度和建构效度。内容效度反映了测量题项叙述的正确性与代表性；效标关联效度是指测量结果与外在效标间的关联程度；建构效度反映了测量题项能够测量理论或概念的程度。本研究使用的题项主要来源于两个途径：① 已经在以前的研究中使用过的题项；② 通过深度访谈进行部分题项内容的调整，因此本研究使用的量表具有较好的内容效度。

建构效度需要通过统计检验的方法进行检测，其中最常用的方法就是探索性因子分析，通过因子分析可以抽取变量间的共同因素，以较少的构念代表原来较复杂的数据结构。在进行探索性因子分析之前，需要评价题项之间的相关性，如果相关太小，则在题项间抽取的因素与使用者初始构建的因素会存在很大差距；如果题项之间具有显著的相关性，则较容易构建成有意义的因素。因此依据 Kaiser 的观点，题项之间是否适合进行因子分析还需要通过检验。KMO 统计量和 Bartlett 球形检验可以反映题项之间的相关性。KMO 指标值介于 0~1 之间，一般认为，当 KMO 值小于 0.5 时表示题项变量间不适合进行因子分析，如果 KMO 指标值大于 0.8 则表示题项之间具有较好的相关性，如果 KMO 指标值大于 0.9 则表示题项非常适合进行因子分析。Bartlett 球形检验从相关系数矩阵来判断题项是否适合进行因子分析，如果 Bartlett 统计量显著性概率小于 0.05，则代表题项适合进行因子分析。本研究则采用 KMO 指标为 0.7 作为参考标准。

本研究采用最大方差正交旋转的方法进行因子分析，在选取因子的时候以特征值大于 1 为选择标准，同时按照如下原则进行因子分析：① 当一个项目自成一个因子时，由于缺乏题项的内部一致性，所以将删除该因子；② 当因子载荷小于 0.5，表示题项间能够测量到的共同因素太少，予以删除；③ 每一个题项与所对应的因子载荷越接近于 1 越好，与其他因子的载荷越小越好。按照以上原则进行保留或者删除题项，可以确保每一个概念都能被很好地测量，同时每个题项仅测量一个概念，使问卷具有良好的建构效度。

四、多元回归分析和中介效应检验

多元回归分析技术是实证研究中重要的数据分析检验方法，主要研究单个变量与多个自变量之间的线性统计关系。本研究拟采用该方法分析组织忘却学习（组织遗忘、惯例和信念变革）、创业导向（创新和先行性、风险承担性）自变量对竞争优势因变量的影响机制。

同时采用中介效应模型检验创业导向在自变量组织忘却学习与因变量竞争优势之间的中介作用。根据温忠麟的研究成果，考虑自变量 X 对因变量 Y 的影响，如果 X 通过变量 M 来影响 Y，则称 M 为中介变量。如图 4.1 所示。

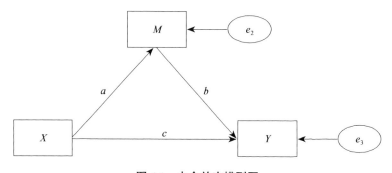

图 4.1　中介效应模型图

温忠麟、张雷、侯杰泰（2004）总结了已有的各种检验方法，提出了一个中介效应的检验程序，如图 4.2 所示。

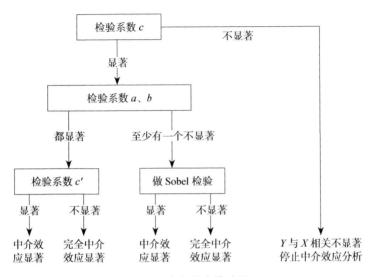

图 4.2 中介效应检验图

根据中介效应检验的程序，中介效应检验的一般步骤如下：①自变量和中介变量之间存在显著关系；②自变量与因变量显著相关；③同时加入中介变量和自变量后，中介变量与因变量存在显著相关关系。若自变量的回归系数依然显著，说明存在部分中介效应；若自变量回归系数不显著，说明有完全中介效应。

五、调节效应检验

调节效应是交互效应的一种。调节变量一般不受自变量和因变量的影响，但可以影响自变量和因变量。根据温忠麟的研究，如果变量 Y 和变量 X 的关系变量 M 的函数，称 M 为调节变量。即调节变量可以是定性的，也可以是定量的。主要影响因变量和自变量之间关系的方向和强弱。

在进行调节效应检验过程中，一般需要把自变量和调节变量进行中心化处理。调节效应模型为 $Y = aX + bM + cXM + e$，也可以表示为 $Y = bM + (a + cM) X + e$。Y 和 X 的关系通过回归系数 $a + cM$ 来刻画，c 用来衡量调节作用的大小及方向。

当调节变量和自变量均为类别变量时，做方差分析；当自变量和调节变量为连续变量时，用带有乘积项的回归模型，做层次回归分析。检验调节效应的方法有 4 种：① 在做层次回归过程中，做 Y 对 X 和 M 的回归得到测定系数 R_1^2，做 Y 对 X、M 和 XM 的回归，得到测定系数 R_2^2，若 R_1^2 和 R_2^2 显著不同，则说明 M 的调节作用显著；② 看回归方程中 XM 的偏回归系数检验，若显著，则调节效应显著；③ 多元方差分析，看交互作用水平是否显著；④ 在分组回归情况下，调节效应看各组回归方程的 R^2。本研究中关于调节效应的验证，采用①和②进行验证。

第五章　组织忘却学习的实证分析

根据第四章提出的组织忘却学习对组织竞争优势的影响的概念模型及相关的实证研究方法，本章主要进行实证研究以验证上述内容。首先，对收集的数据进行描述性统计分析，分析数据的特征；其次，进行信度和效度检验，研究数据的有效性和可行性；然后，通过统计分析工具进行相关性分析、多元回归分析、中介效应和调节效应检验，验证概念模型及研究假设的合理性；最后，对检验结果进行分析讨论。

第一节　数据收集整理及描述性分析

本研究共获取了有效问卷 263 份，主要对被调研者的工作年限，调研企业的企业规模、性质、成立年限和所在行业进行描述性统计，以从整体上反映样本的分布情况。

一、被试者工作年限

本次选择的被调研者为组织的中高层管理者，其对组织的学习状况、创业导向、组织环境的变化以及竞争情况能够清楚地把握，同时领导者对组织的发展具有重要的影响作用，因此本研究选择被试者的工作年限作为一个控制变量。由分布表 5.1 可知，工作年限在 5 年以下有 49 人，占总样本的 18.6%；6~10 年的有 92 人，占总样本的 35%；11~15 年的有 106 人，占总样本的 40.3%；16~20 年的有 12 人，占总样本的 4.6%；21 年以上的有 4 人，占总样本的 1.5%。可以看出被试者的年龄分布基本成正态分布趋势，工作时间大于 5 年的占比超过 80%，都具有丰富的工作经验，对组织的经营和竞争状况能够清楚把握。

表 5.1　被试者工作年限分布

工作年限	频率	百分比（%）	有效百分比（%）	累计百分比（%）
5 年以下	49	18.6	18.6	18.6
6~10 年	92	35.0	35.0	53.6
11~15 年	106	40.3	40.3	93.9
16~20 年	12	4.6	4.6	98.5
21 年以上	4	1.5	1.5	100.0

二、样本企业规模分布

关于样本企业规模的分布见表 5.2。由表可知，企业人数在 50 人以下的有 83 家，占总样本的 31.6%；50~100 人的有 11 家，占总样本的 4.2%；

100~500 人有 70 家，占总样本的 26.6%；500 人以上有 99 家，占总样本的 37.6%。该企业样本中员工 100 人以上的占 65%，中大型企业居多，企业越是规模大，越需要注重外部环境的变化，形成企业的竞争优势，才能摆脱"船大"的弊端。

表 5.2　企业规模分布

企业规模	频率	百分比（%）	有效百分比（%）	累计百分比（%）
50 人以下	83	31.6	31.6	31.6
50~100 人	11	4.2	4.2	35.8
100~500 人	70	26.6	26.6	62.4
500 人以上	99	37.6	37.6	100.0

三、样本企业性质分布

样本企业性质分布见表 5.3。由表 5.3 可知，国有企业有 38 家，占总样本的 14.4%；私有企业 219 家，占总样本的 83.3%；外资企业有 6 家，占总样本的 2.3%。总样本中，私有企业居多。样本性质的多样化能够体现研究内容的有效性和研究的普适性。

表 5.3　企业性质分布

企业性质	频率	百分比（%）	有效百分比（%）	累计百分比（%）
国有企业	38	14.4	14.4	14.4
私有企业	219	83.3	83.3	97.7
外资企业	6	2.3	2.3	100.0

四、样本企业成立年限

样本成立年限分布见表 5.4。由表可知，样本企业成立在 20 年以上的有 88 家，占总样本的 33.5%，16~20 年的有 37 家，占总样本的 14.1%；11~15 年有 67 家，占总样本的 25.5%。由此可见企业样本中成立 10 年以上的样本占到总样本的约 3/4。10 年以下的企业有 71 家，占总样本 27%。可见大部分企业已经进入企业的成长期和稳定期，会产生一定的惰性，组织忘却学习对于成立时间较长的企业是非常必要的。

表 5.4　企业成立年限分布

成立年限	频率	百分比（%）	有效百分比（%）	累计百分比（%）
10 年以下	71	27	27	27
11~15 年	67	25.5	25.5	52.5
16~20 年	37	14.1	14.1	66.5
20 年以上	88	33.5	33.5	100.0

五、样本企业所在行业

样本企业所在行业分布见表 5.5。其中高科技行业的企业为 57 家，占总样本的 21.7%；传统行业的企业有 206 家，占总样本的 78.3%。传统行业的样本企业居多数。

表 5.5 企业所在行业分布

所在行业	频率	百分比（%）	有效百分比（%）	累计百分比（%）
高科技行业	57	21.7	21.7	21.7
传统行业	206	78.3	78.3	100.0

第二节 信度和效度检验

对于实证研究而言，信度和效度检验是实证研究的前提和基础。信度主要考查测量工具的可靠性、稳定性和一致性，常采用克朗巴哈系数来检验。效度主要考查测量结果的有效性，即测量在多大程度上体现构念的真实含义。

一、信度分析

本研究使用统计软件 SPSS20.0 对数据的信度进行检验，组织忘却学习、创业导向、环境动态性和竞争优势的信度系数分别见表 5.6 ~ 表 5.9。根据克朗巴哈系数的统计标准，若系数在 0.7 以上，说明信度较高，问卷具有较好的信度；若信度系数在 0.5~0.7 之间，说明问卷的信度基本符合统计要求；在 0.35~0.5 之间基本可以接受。从组织忘却学习、创业导向、环境动态性和竞争优势的信度检验表可以看出，各变量信度均大于 0.7，说明数据可靠性得到了验证，可以进一步开展研究。

表 5.6　组织忘却学习题项信度检验

变量		编号	测量题项	信度
忘却学习	组织遗忘	UN1	我们企业能够根据外界环境的变化，改变新产品的开发程序	0.906
		UN2	我们企业能够根据环境的变化，改变其内部的信息共享机制	
		UN3	我们企业能够不断优化其团队决策流程	
	惯例和信念变革	UN4	我们企业能够不断地调整旧惯例和旧流程以适应新的变化	0.859
		UN5	我们企业能够为信念和惯例的改变提供良好的环境	
		UN6	我们企业会引入和以前公认的经验及技能相冲突的新知识	
		UN7	我们企业乐意从不同途径获取新技术	

表 5.7　创业导向题项信度检验

变量		编号	测量题项	信度
创业导向	创新和超前行动性	EO1	我们企业通常主动挑战竞争对手，而不是被动响应竞争对手	0.798
		EO2	我们企业通常采取大胆的战略行动，而不是细微的战略调整	
		EO3	与短期研发项目相比，我们企业在长期项目（大于 3 年）上投入更多	
		EO4	在本行业中，我们企业通常是率先推出新产品的公司之一	
	风险承担性	EO5	我们企业鼓励冒险精神	0.753
		EO6	接受高风险的商业项目	
		EO7	通常我们实施那些已被证明可行的办法	

表 5.8　环境动态性题项信度检验

变量	编号	测量题项	信度
环境动态性	ED1	我们企业所在行业的核心产品换代速度很快	0.828
	ED2	我们企业所在行业内技术变革的速度很快	
	ED3	我们企业营销策略更换速度很快	
	ED4	我们企业主要竞争对手的市场活动变得越来越难以预测	
	ED5	市场上顾客需求越来越难以预测	

表 5.9　竞争优势题项信度检验

变量	编号	测量题项	信度
竞争优势	CA1	与行业竞争对手相比，我们企业能以较低的成本为客户提供产品或服务	0.887
	CA2	与行业竞争对手相比，我们企业能为客户提供多功能、高性能的产品或服务	
	CA3	与行业竞争对手相比，我们企业能以更加快速、有效的方式执行操作流程	
	CA4	我们企业能灵活地适应快速变化的市场并比对手更快地做出反应	
	CA5	与行业竞争对手相比，我们企业更加重视客户的需求	
	CA6	与行业竞争对手相比，我们企业的市场份额增长更快	

二、效度分析

效度反映了期望测量变量的真实意义被测量结果所反映的程度。在研究中广泛使用的是内容效度和构念效度。内容效度是指调查问卷所设计的题项是否能够代表所期望获得的主题、数据或内容。本研究所采用或开发的问卷是在国内外文献中所使用的成熟问卷，结合所研究内容和相关领域专家、企业领导们研究后修订而成，保证了问卷的内容效度。相对于内容效度，构建效度是更为重要的指标效度指标。通常采用验证性因子分析、聚合效度、区分效度等方法检验构念效度。

1.组织忘却学习效度分析

采用主成分分析法检验量表的效度。通过 KMO 值和 Bertlett 球形检验，判断是否满足因子分析的条件。KMO 值无限趋于 1，表明指标间具有较好的相关性。Bertlett 球形检验是判断相关矩阵是否为单位矩阵，如果检验结果拒绝单位矩阵的原假设，那可以进行因子分析。

从主成分分析结果来看，KMO 值为 0.865，说明可以进行因子分析。Bertlett 球形检验近似卡方值为 331.399，显著性概率值为 0.000，说明具有相关性，再次表明符合因子分析的条件，如表 5.10 所示。根据主成分分析原理，按照特征值大于 1 的原则，萃取 2 个成分，共解释变量总方差的 69.525%。具体见表 5.11。

表 5.10　组织忘却学习探索性因子分析

变量		编号	载荷	AVE	KMO
忘却学习	组织遗忘	UN1	0.847	0.763	0.865
		UN2	0.898		
		UN3	0.875		
	惯例和信念变革	UN4	0.805	0.605	
		UN5	0.799		
		UN6	0.759		
		UN7	0.748		

表 5.11　组织忘却学习主成分分析

因子	初始情况			旋转情况		
	特征值	方差贡献率（%）	累积方差贡献率（%）	特征值	方差贡献率（%）	累积方差贡献率（%）
1	4.056	57.939	57.939	4.056	57.939	57.939
2	0.811	11.586	69.525	0.811	11.586	69.525
3	0.632	9.024	78.549			
4	0.522	7.452	86.001			
5	0.392	5.602	91.603			
6	0.346	4.938	96.541			
7	0.242	3.459	100.000			

2. 创业导向的效度分析

从主成分分析结果来看，KMO 值为 0.82，说明可以进行因子分析。Bertlett 球形检验近似卡方值为 383.182，显著性概率值为 0.000，说明具有相关性，再次表明符合因子分析的条件，见表 5.12。根据主成分分析原理，按照特征值大于 1 的原则，萃取 2 个成分，共解释变量总方差的 57.183%。具体见表 5.13。

表 5.12 创业导向探索性因子分析

变量		编号	载荷	AVE	KMO
创业导向	创新和超前行动性	EO1	0.692	0.497	0.82
		EO2	0.705		
		EO3	0.681		
	风险承担性	EO4	0.742	0.526	
		EO5	0.869		
		EO6	0.869		
		EO7	0.734		

表 5.13 创业导向主成分分析

因子	初始情况			旋转情况		
	特征值	方差贡献率（%）	累积方差贡献率（%）	特征值	方差贡献率（%）	累积方差贡献率（%）
1	2.933	41.894	41.894	2.933	41.894	41.894
2	1.070	15.289	57.183	1.070	15.289	57.183
3	0.705	10.065	67.248			
4	0.683	9.764	77.012			
5	0.614	8.771	85.783			
6	0.546	7.806	93.589			
7	0.449	6.411	100.000			

3. 环境动态性效度分析

从主成分分析结果来看，KMO 值为 0.728，说明可以进行因子分析。Bertlett 球形检验近似卡方值为 282.857，显著性概率值为 0.000，说明具有相关性，再次表明符合因子分析的条件，见表 5.14。根据主成分分析原理，按照特征值大于 1 的原则，萃取 1 个成分，共解释变量总方差的 49.109%。具体见表 5.15。

表 5.14　环境动态性探索性因子分析

变量	编号	载荷	AVE	KMO
环境动态性	ED1	0.644	0.491	0.728
	ED2	0.723		
	ED3	0.713		
	ED4	0.736		
	ED5	0.684		

表 5.15　环境动态性主成分分析

因子	初始情况			旋转情况		
	特征值	方差贡献率（%）	累积方差贡献率（%）	特征值	方差贡献率（%）	累积方差贡献率（%）
1	2.455	49.109	49.109	2.455	49.109	49.109
2	0.931	18.613	67.722			
3	0.661	13.221	80.943			
4	0.543	10.858	91.800			
5	0.410	8.200	100.000			

4.竞争优势效度分析

从主成分分析结果来看，KMO 值为 0.847，说明可以进行因子分析。Bertlett 球形检验近似卡方值为 539.436，显著性概率值为 0.000，说明具有相关性，再次表明符合因子分析的条件，见表 5.16。根据主成分分析原理，按照特征值大于 1 的原则，萃取 1 个成分，共解释变量总方差的 53.889%。具体见表 5.17。

表 5.16　竞争优势探索性因子分析

变量	编号	载荷	AVE	KMO
竞争优势	CA1	0.57	0.613	0.847
	CA2	0.68		
	CA3	0.798		
	CA4	0.85		
	CA5	0.849		
	CA6	0.723		

表 5.17　竞争优势主成分分析

因子	初始情况			旋转情况		
	特征值	方差贡献率（%）	累积方差贡献率（%）	特征值	方差贡献率（%）	累积方差贡献率（%）
1	3.233	53.889	53.889	3.233	53.889	53.889
2	0.838	13.969	67.858			
3	0.699	11.645	79.503			
4	0.485	8.089	87.592			
5	0.425	7.087	94.679			
6	0.319	5.321	100.000			

三、相关系数分析

采用 SPSS20.0 统计软件对组织忘却学习、创业导向、环境动态性和竞争优势的相关性进行检验，如表 5.18 所示。组织忘却学习两维度与创业导向两维度，以及竞争优势均具有显著的相关性，初步验证了假设。同时发现各维度的 AVE 值的均方根均大于该变量与其他变量的相关系数，进一步验证了各维度的区分效度。

表 5.18 变量的相关系数矩阵

变量	均值	标准差	组织遗忘	惯例和信念变革	创新和超前行动性	风险承担性	环境动态性	竞争优势
组织遗忘	5.401	0.932	0.873					
惯例和信念变革	5.472	0.852	0.710**	0.778				
创新和超前行动性	4.974	0.941	0.581**	0.602**	0.705			
风险承担性	4.697	1.209	0.508**	0.441**	0.627**	0.725		
环境动态性	4.846	1.01	0.411**	0.407**	0.541**	0.534**	0.701	
竞争优势	5.198	0.892	0.551**	0.541**	0.441**	0.396**	0.300**	0.783

注：** 为 $p<0.01$，双尾检验；对角线上的数据为各变量 AVE 值的平方根。

第三节　实证检验

一、组织忘却学习对创业导向的作用分析

组织忘却学习对创业导向的影响作用主要通过组织忘却学习与创新和超前行动性，组织忘却学习与风险承担性两个方面进行阐述。

（一）组织忘却学习与创新和超前行动性

如表 5.19 所示，模型 1 分析了控制变量对创新和超前行动性的影响，模型 2 分析了组织遗忘、惯例和信念变革对创新和超前行动性的影响作用。本研究采用 VIF 和 D-W 值来检验模型的多重共线性和一阶序列相关问题。一般而言，VIF 值小于 10，说明解释变量与模型中其余的解释变量间不存在多重共线性问题，反之，则存在多重共线性问题。D-W 检验主要分析判断是否存在一阶自相关问题。一般而言，当 D-W 值等于 2 时，残差序列不存在自相关，通常情况下，多数学者认为只要 D-W 在 2 附近就可以认为变量不存在一阶序列相关问题。

根据计算结果，模型 1 和模型 2 所有参数的 VIF 值都小于 3，D-W 值位于 2 左右，说明解释变量间不存在多重共线性问题，一阶自相关问题也不影响研究结果的有效性。模型 1 中，各控制变量对创新和超前行动性均不具有显著影响。模型 2 中，组织遗忘对创新和超前行动性具有显著的影响作用（$\beta = 0.293$，$p < 0.001$），假设 H1a 得到了支持；同时惯例和信念变革对创新和超前行动性具有显著的影响作用（$\beta = 0.358$，$p < 0.001$），假设 H1b 得到了支持。如图 5.1 所示。

表 5.19　组织忘却学习对创新和超前行动性的回归分析表

变量	创新和超前行动性			
	模型 1		模型 2	
	B	t	B	t
成立年限	−0.084	−1.531	−0.03	−0.693
企业规模	0.025	0.509	−0.017	−0.43
企业性质	0.025	0.152	−0.057	−0.442
工作年限	0.08	1.092	0.009	0.155
所在行业	0.177	1.231	0.16	1.448
组织遗忘			0.293***	4.547
惯例和信念变革			0.358***	5.481
R^2	0.016		0.417	
F 值	0.813		26.027***	
D-W 检验	1.825		1.991	

注：

① *** 为 $p<0.001$，双尾检验。

②表中模型的多元线性回归表达式依次是：

模型 1：创新和超前行动性 $= \beta_0 + \beta_1$ 成立年限 $+ \beta_2$ 企业规模 $+ \beta_3$ 企业性质 $+ \beta_4$ 工作年限 $+ \beta_5$ 所在行业 $+ \mu$

模型 2：创新和超前行动性 $= \beta_0 + \beta_1$ 成立年限 $+ \beta_2$ 企业规模 $+ \beta_3$ 企业性质 $+ \beta_4$ 工作年限 $+ \beta_5$ 所在行业 $+$ β_6 组织遗忘 $+ \beta_7$ 惯例和信念变革 $+ \mu$

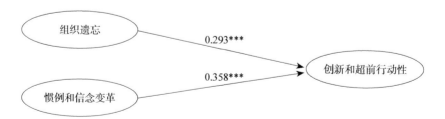

图 5.1　组织忘却学习与创新和超前行动性的关系模型

（二）组织忘却学习与风险承担性

如表 5.20 所示，模型 1 分析了控制变量对风险承担性的影响，模型 2 分析了组织遗忘、惯例和信念变革对风险承担性的影响作用。

表 5.20　组织忘却学习与风险承担性的回归分析表

变量	风险承担性			
	模型 1		模型 2	
	B	t	B	t
成立年限	−0.111	−1.580	−0.069	−1.136
企业规模	0.049	0.784	0.018	0.336
企业性质	0.247	1.156	0.178	0.968
工作年限	−0.018	−0.195	−0.067	−0.816
所在行业	0.091	0.499	0.081	0.512
组织遗忘			0.509***	5.198
惯例和信念变革			0.221*	2.033
R^2	0.027		0.289	
F 值	1.409		14.794***	
D-W 检验	1.729		1.862	

注：

① *** 为 $p<0.001$，* 为 $p<0.05$，双尾检验。

②表中模型的多元线性回归表达式依次是：

模型 1：风险承担性 $=\beta_0+\beta_1$ 成立年限 $+\beta_2$ 企业规模 $+\beta_3$ 企业性质 $+\beta_4$ 工作年限 $+\beta_5$ 所在行业 $+\mu$

模型 2：风险承担性 $=\beta_0+\beta_1$ 成立年限 $+\beta_2$ 企业规模 $+\beta_3$ 企业性质 $+\beta_4$ 工作年限 $+\beta_5$ 所在行业 $+$
　　　β_6 组织遗忘 $+\beta_7$ 惯例和信念变革 $+\mu$

根据计算结果，模型 1 和模型 2 所有参数的 VIF 值都小于 3，D-W 值位于 2 左右，说明解释变量间不存在多重共线性问题，一阶自相关问题也不影响研究结果的有效性。模型 1 中，各控制变量对风险承担性均不具有显著影响。模型 2 中，组织遗忘对风险承担性具有显著的影响作用（$\beta = 0.509$，$p < 0.001$），假设 H2a 得到了支持；同时惯例和信念变革对风险承担性具有显著的影响作用（$\beta = 0.221$，$p < 0.001$），假设 H2b 得到了支持。如图 5.2 所示。

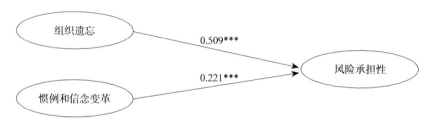

图 5.2　组织忘却学习与风险承担性的关系模型

我们还发现，在对创新和超前行动性的影响作用中，惯例和信念变革的影响作用大于组织遗忘，而在对风险承担性的影响作用中，组织遗忘的影响作用大于惯例和信念变革。产生这种差异的原因可能是由于忘却学习与创业导向具有相互对应关系。创业导向的创新和超前行动性表现为企业通过超前创新行为，参与并实现新想法和创新过程的意愿，进而改变组织实施的生产模式和技术，比竞争对手更快地运用新的生产模式、经营手段推出新颖的产品，进而获取竞争优势。通过超前行动进行创新，必须敢于打破原有的思维模式和行为方式，对组织惯例和信念进行变革。相比较组织遗忘，对组织惯例和信念的变革，采用新的营销模式和手段，预测顾客的潜在需求，先于竞争对手占领细分市场，获取市场先动优势，更有利于组织开展创新和超前行动活动。而创业导向的风险承担性指的企业愿意在不确定性的大的项目或业务上投入更多的资源，需要具有敏锐的洞察力和敢于吃螃蟹的决心，可能面临着承担巨大的失败成本，也可能获得巨额收益。相比较对惯例和信念的变革，组织遗忘活动推翻组织原有不合理的规范，废除无用的误导性的知识，激发企业摆脱组织模式的束缚，抓住市场机会，敢于做其他企业不敢做的新事业，占据市场先动优势。

二、创业导向的中介作用分析

在进行中介作用检验时，首先构建中介效应路径图，然后根据中介效应检验步骤，对各变量进行回归分析：① 自变量和中介变量分别与因变量具有显著关系；② 自变量与中介变量之间具有显著关系；③ 加入中介变量后，中介变量对因变量的影响关系作用会降低。其中，若自变量与因变量的关系不再显著，说明中介变量产生完全中介效应；若自变量对因变量的关系减弱，则说明中介变量产生部分中介作用。

（一）创新和超前行动性的中介作用

如表 5.21 所示，模型 1 分析了控制变量对因变量竞争优势的作用，各控制变量对竞争优势的作用均不显著。模型 2 在模型 1 的基础上加入组织遗忘、惯例和信念变革两个自变量，发现组织遗忘显著地影响竞争优势（$\beta = 0.431$，$p < 0.001$），假设 H3a 得到了支持；惯例和信念变革显著地影响竞争优势（$\beta = 0.471$，$p < 0.001$），假设 H3b 得到了支持。焦豪曾提出，公司只要在创新性、风险分担性和超前行动性一个方面或两个方面表现出很强的特征，就说明该公司具有很强的创业导向，也就说它们可以代表企业的创业行为。

表 5.21　创新和超前行动性在组织忘却学习与竞争优势之间的中介作用表

变量	竞争优势							
	模型 1		模型 2		模型 3		模型 4	
	B	t	B	t	B	t	B	t
成立年限	−0.037	−0.708	0.027	0.915	0.021	0.595	0.037	1.398
企业规模	0.001	0.031	−0.047	−1.792	−0.016	−0.489	−0.042	−1.795
企业性质	0.159	0.998	0.060	0.673	0.141	1.296	0.078	0.993
工作年限	0.057	0.819	−0.025	−0.637	0.002	0.031	−0.028	−0.801
所在行业	0.058	0.423	0.039	0.511	−0.065	−0.693	−0.013	−0.186
组织遗忘			0.431***	9.084			0.330***	7.556
惯例和信念变革			0.471***	8.927			0.336***	6.796
创新和超前行动性					0.694***	17.097	0.322***	8.431
R^2	0.009		0.692		0.537		0.752	
F 值	0.479		81.810***		49.569***		100.139***	
D-W 检验	1.856		1.824		1.966		1.796	

注：

① *** 为 $p<0.001$，双尾检验。

② 表中模型的多元线性回归表达式依次是：

模型 1：竞争优势 $=\beta_0+\beta_1$ 成立年限 $+\beta_2$ 企业规模 $+\beta_3$ 企业性质 $+\beta_4$ 工作年限 $+\beta_5$ 所在行业 $+\mu$

模型 2：竞争优势 $=\beta_0+\beta_1$ 成立年限 $+\beta_2$ 企业规模 $+\beta_3$ 企业性质 $+\beta_4$ 工作年限 $+\beta_5$ 所在行业 $+$ β_6 组织遗忘 $+\beta_7$ 惯例和信念变革 $+\mu$

模型 3：竞争优势 $=\beta_0+\beta_1$ 成立年限 $+\beta_2$ 企业规模 $+\beta_3$ 企业性质 $+\beta_4$ 工作年限 $+\beta_5$ 所在行业 $+$ β_6 创新和超前行动性 $+\mu$

模型 4：竞争优势 $=\beta_0+\beta_1$ 成立年限 $+\beta_2$ 企业规模 $+\beta_3$ 企业性质 $+\beta_4$ 工作年限 $+\beta_5$ 所在行业 $+$ β_6 组织遗忘 $+\beta_7$ 惯例和信念变革 $+\beta_8$ 创新和超前行动性 $+\mu$

通过验证，我们可以看出，创新和超前行动性、风险承担性都对组织竞争优势产生影响，说明只要组织实施有效的创新行为、预先行为或承担风险，组织就可以凭借新产品、提前行动抢得市场先机，占据市场优势。模型3在模型1的基础上加入中介变量创新和超前行动性，发现创新和超前行动性对竞争优势具有显著影响（$\beta = 0.694$，$p < 0.001$）。因此，自变量和中介变量对因变量具有显著关系。

在表5.19中，自变量组织忘却学习对中介变量创新与超前行动具有显著影响。组织遗忘对创新和超前行动性具有显著的影响作用（$\beta = 0.293$，$p < 0.001$）；同时惯例和信念变革对创新和超前行动性具有显著的影响作用（$\beta = 0.358$，$p < 0.001$）。模型4中同时加入自变量组织忘却学习两维度和中介变量创新和超前行动性，其中自变量组织遗忘（$\beta = 0.330$，$p < 0.001$）、惯例和信念变革（$\beta = 0.336$，$p < 0.001$）对竞争优势具有显著影响，中介变量创新和超前行动性对竞争优势的作用依旧显著（$\beta = 0.332$，$p < 0.001$），但是影响程度显著下降（观察模型3和模型4创新和超前行动性的系数）。说明创新和超前行动性在组织忘却学习与竞争优势之间具有部分中介作用。如图5.3所示。

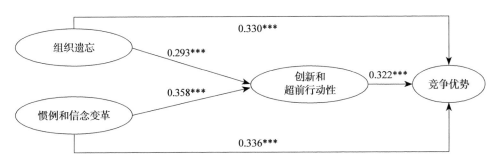

图5.3　组织忘却学习、创新与超前行动性与竞争优势的中介效应模型

（二）风险承担性的中介作用

如表 5.22 所示，模型 1 分析了控制变量对因变量竞争优势的作用，各控制变量对竞争优势的作用均不显著。模型 2 在模型 1 的基础上加入组织遗忘、惯例和信念变革两个自变量，发现组织遗忘显著地影响竞争优势（$\beta = 0.431$，$p < 0.001$）；惯例和信念变革显著地影响竞争优势（$\beta = 0.471$，$p < 0.001$）。模型 3 在模型 1 的基础上加入中介变量风险承担性，发现风险承担性对竞争优势具有显著影响（$\beta = 0.432$，$p < 0.001$）。因此，自变量和中介变量对因变量具有显著关系。

在表 5.20 中，自变量组织忘却学习对中介变量风险承担性具有显著影响。组织遗忘对风险承担性具有显著的影响作用（$\beta = 0.509$，$p < 0.001$）；同时惯例和信念变革对风险承担性具有显著的影响作用（$\beta = 0.221$，$p < 0.001$）。

模型 4 中同时加入自变量组织忘却学习两维度和中介变量风险承担性，其中自变量组织遗忘（$\beta = 0.351$，$p < 0.001$）、惯例和信念变革（$\beta = 0.436$，$p < 0.001$）对竞争优势具有显著影响，中介变量风险承担性对竞争优势的作用依旧显著（$\beta = 0.159$，$p < 0.001$），但是影响程度显著下降（观察模型 3 和模型 4 风险承担性的系数）。说明风险承担性在组织忘却学习与竞争优势之间具有部分中介作用。

通过对创新和超前行动性、风险承担性的中介作用进行检验，发现创业导向在组织忘却学习与竞争优势之间存在部分中介作用，假设 H4 得到验证。如图 5.4 所示。

表 5.22　风险承担性在组织忘却学习与竞争优势之间的中介作用表

变量	竞争优势							
	模型 1		模型 2		模型 3		模型 4	
	B	t	B	t	B	t	B	t
成立年限	−0.037	−0.708	0.027	0.915	0.011	0.254	0.038	0.176
企业规模	0.001	0.031	−0.047	−1.792	−0.02	−0.519	−0.050	−2.008
企业性质	0.159	0.998	0.060	0.673	0.52	0.4	0.032	0.376
工作年限	0.057	0.819	−0.025	−0.637	0.065	1.142	−0.015	−0.390
所在行业	0.058	0.423	0.039	0.511	0.018	0.163	0.026	0.363
组织遗忘			0.431***	9.084			0.351***	7.416
惯例和信念变革			0.471***	8.927			0.436***	8.655
风险承担性					0.432***	11.394	0.159***	5.511
R^2	0.009		0.692		0.343		0.725	
F 值	0.479		81.810***		22.238***		83.624***	
D-W 检验	1.856		1.824		1.999		1.840	

注：

① *** 为 $p<0.001$，双尾检验。

②表中模型的多元线性回归表达式依次是：

模型 1：竞争优势 $=\beta_0+\beta_1$ 成立年限 $+\beta_2$ 企业规模 $+\beta_3$ 企业性质 $+\beta_4$ 工作年限 $+\beta_5$ 所在行业 $+\mu$

模型 2：竞争优势 $=\beta_0+\beta_1$ 成立年限 $+\beta_2$ 企业规模 $+\beta_3$ 企业性质 $+\beta_4$ 工作年限 $+\beta_5$ 所在行业 $+\beta_6$ 组织遗忘 $+\beta_7$ 惯例和信念变革 $+\mu$

模型 3：竞争优势 $=\beta_0+\beta_1$ 成立年限 $+\beta_2$ 企业规模 $+\beta_3$ 企业性质 $+\beta_4$ 工作年限 $+\beta_5$ 所在行业 $+\beta_6$ 风险承担性 $+\mu$

模型 4：竞争优势 $=\beta_0+\beta_1$ 成立年限 $+\beta_2$ 企业规模 $+\beta_3$ 企业性质 $+\beta_4$ 工作年限 $+\beta_5$ 所在行业 $+\beta_6$ 组织遗忘 $+\beta_7$ 惯例和信念变革 $+\beta_8$ 风险承担性 $+\mu$

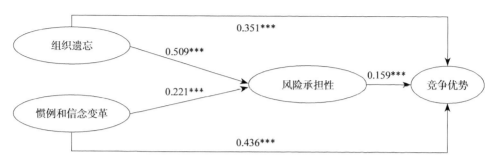

图 5.4　组织忘却学习、风险承担性与竞争优势的中介效应模型

三、环境动态性的调节作用分析

根据调节效应基本原理和操作步骤，利用统计分析软件 SPSS20.2 进行分层回归分析，检验环境动态性对创业导向与竞争优势之间的关系的调节效应。根据调节效应检验方法，首先，分别把组织忘却学习（组织遗忘、惯例和信念变革）、创业导向（创新和超前行动性、风险承担性）和环境动态性进行中心化处理；然后，计算创新和超前行动性与环境动态性的乘积，风险承担性与环境动态性的乘积；最后，逐步将控制变量、自变量、乘积项进入多元层次方程，以检验环境动态性在创业导向与竞争优势之间关系的调节效应。

（一）环境动态性对创新和超前行动性与竞争优势之间关系的调节作用

如表 5.23 所示，模型 1 加入控制变量（成立年限、企业规模、企业性质、工作年限、所在行业），检验其与竞争优势的关系，各控制变量对竞争优势的作用均不显著；模型 2 在模型 1 的基础上加入组织忘却学习两维度、自变量（创新和超前行动性）和调节效应（环境动态性）；模型 3 在模型 2 的基础上加入创新和超前行动性与环境动态性的交互项，交互系数为 –0.004，并不显著。同时模型 2 的 R^2 与模型 3 的 R^2 没有显著的变化。说明环境动态性在创新和超前行动性与竞争优势的关系的调节作用不显著，假设 H5a、H5c 未得到验证。

表 5.23　环境动态性对创新和超前行动性与竞争优势之间的调节作用

变量	竞争优势					
	模型 1		模型 2		模型 3	
	B	t	B	t	B	t
成立年限	–0.037	–0.70	0.038	1.42	0.038	1.25
企业规模	0.001	0.03	–0.042	–1.97	–0.042	–2.03
企业性质	0.159	0.99	0.076	0.39	0.077	0.46
工作年限	0.057	0.81	–0.027	–0.36	–0.027	–0.21
所在行业	0.058	0.42	–0.011	0.36	–0.01	0.32
组织遗忘			0.31***	7.32	0.326***	7.37
惯例和信念变革			0.284***	8.37	0.334***	8.27
创新和超前行动性			0.307***	4.36	0.324*	–1.84
环境动态性			0.033	1.73	0.051	–1.17
环境动态性 × 创新和超前行动性					–0.004	2.57
R^2	0.009		0.760		0.760	
F 值	0.479		91.011***		79.886***	
D-W 检验	1.856		1.810		1.809	

注：

① *** 为 $p<0.001$，* 为 $p<0.05$，双尾检验。

② 表中模型的多元线性回归表达式依次是：

模型 1：竞争优势 $=\beta_0+\beta_1$ 成立年限 $+\beta_2$ 企业规模 $+\beta_3$ 企业性质 $+\beta_4$ 工作年限 $+\beta_5$ 所在行业 $+\mu$

模型 2：竞争优势 $=\beta_0+\beta_1$ 成立年限 $+\beta_2$ 企业规模 $+\beta_3$ 企业性质 $+\beta_4$ 工作年限 $+\beta_5$ 所在行业 $+$ β_6 环境动态性 $+\mu$

模型 3：竞争优势 $=\beta_0+\beta_1$ 成立年限 $+\beta_2$ 企业规模 $+\beta_3$ 企业性质 $+\beta_4$ 工作年限 $+\beta_5$ 所在行业 $+\beta_6$ 组织遗忘 $+$ β_7 惯例和信念变革 $+\beta_8$ 环境动态性 $+\beta_9$ 环境动态性 × 创新和超前行动性 $+\mu$

（二）环境动态性对风险承担性与竞争优势之间关系的调节作用

如表 5.24 所示，模型 1 加入控制变量（成立年限、企业规模、企业性质、工作年限、所在行业），检验其与竞争优势的关系，各控制变量对竞争优势的作

表 5.24　环境动态性对风险承担性与竞争优势之间的调节作用

变量	竞争优势					
	模型 1		模型 2		模型 3	
	B	t	B	t	B	t
成立年限	−0.037	−0.70	0.040	1.42	0.035	1.25
企业规模	0.001	0.03	−0.049	−1.97	−0.05	−2.03
企业性质	0.159	0.99	0.033	0.39	0.039	0.46
工作年限	0.057	0.81	−0.014	−0.36	−0.008	−0.21
所在行业	0.058	0.42	0.026	0.36	0.023	0.32
组织遗忘			0.322***	7.32	0.344***	7.37
惯例和信念变革			0.361***	8.37	0.415***	8.27
创新和超前行动性			0.137***	4.36	−0.125	−1.85
环境动态性			0.062	1.73	−0.196	−1.17
环境动态性 × 风险承担性					0.057*	2.57
R^2	0.009		0.728		0.735	
F 值	0.479		91.011***		69.900***	
D-W 检验	1.856		1.862		1.846	

注：

① *** 为 $p<0.001$，* 为 $p<0.05$，双尾检验。

② 表中模型的多元线性回归表达式依次是：

模型 1：竞争优势 $=\beta_0+\beta_1$ 成立年限 $+\beta_2$ 企业规模 $+\beta_3$ 企业性质 $+\beta_4$ 工作年限 $+\beta_5$ 所在行业 $+\mu$

模型 2：竞争优势 $=\beta_0+\beta_1$ 成立年限 $+\beta_2$ 企业规模 $+\beta_3$ 企业性质 $+\beta_4$ 工作年限 $+\beta_5$ 所在行业 $+$ β_6 环境动态性 $+\mu$

模型 3：竞争优势 $=\beta_0+\beta_1$ 成立年限 $+\beta_2$ 企业规模 $+\beta_3$ 企业性质 $+\beta_4$ 工作年限 $+\beta_5$ 所在行业 $+\beta_6$ 组织遗忘 $+$ β_7 惯例和信念变革 $+\beta_8$ 环境动态性 $+\beta_9$ 环境动态性 × 风险承担性 $+\mu$

用均不显著；模型 2 在模型 1 的基础上加入组织忘却学习两维度、自变量（风险承担性）和调节效应（环境动态性）；模型 3 在模型 2 的基础上加入风险承担性与环境动态性的交互项，交互系数为 0.057，$p < 0.05$。同时模型 2 的 R^2 与模型 3 的 R^2 有显著变化，差值为 0.007。说明环境动态性对风险承担性与竞争优势的关系的调节作用显著，假设 H5b、H5d 得到验证。

为了进一步验证环境动态性在风险承担性与竞争优势之间的调节作用，根据 Aiken 等的简单斜率方法绘制调节作用图。低环境动态性为环境动态性均值减去一个单位标准差，高环境动态性为环境动态性均值加上一个单位标准差，由图 5.5 可知，在高环境动态性下，风险承担性对竞争优势的影响是正向且显著的（$b = 0.209$，$p < 0.05$），在低环境动态下，风险承担性对竞争优势的影响虽然正向且显著（$b = 0.09$，$p < 0.05$），但明显低于高环境动态性的简单斜率系数，表明环境动态性越强，风险承担性对竞争优势的影响作用越大。

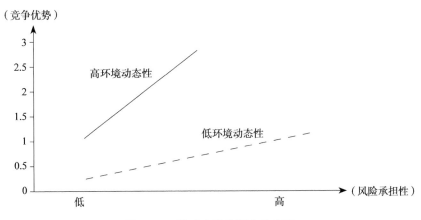

图 5.5　环境动态性的调节效应图

第四节　实证分析结果与讨论

一、结果与讨论

本研究分析了组织忘却学习对竞争优势的影响路径，探讨了创业导向在组织忘却学习与竞争优势之间的中介关系，并分析了在不同动态环境下，创业导向对竞争优势的影响作用。根据实证分析检验结果，研究中提出的理论假设的检验结果见表5.25。

表 5.25　理论假设验证情况

假设序号	假设编号	假设内容	验证情况
1	H1a	组织遗忘能够对创业导向的创新和超前行动性具有正向影响	验证
2	H1b	惯例和信念变革对创业导向的创新和超前行动性具有正向影响	验证
3	H2a	组织遗忘对创业导向的风险承担性具有正向影响	验证
4	H2b	惯例和信念变革对创业导向的风险承担性具有正向影响	验证
5	H3a	创业导向的创新和超前行动性对组织竞争优势具有正向影响	验证
6	H3b	创业导向的风险承担性对组织竞争优势具有正向影响	验证
7	H4	创业导向在组织忘却学习和竞争优势的关系中起中介作用	验证
8	H5a	环境动态性正向调节了创业导向的创新与超前行动性对竞争优势的影响作用	未验证
9	H5b	环境动态性正向调节了创业导向的承担风险性对竞争优势的影响作用	验证
10	H5c	环境动态性正向调节了创新与超前行动性在组织忘却学习与竞争优势之间关系的中介作用	未验证
11	H5d	环境动态性正向调节了风险承担性在组织忘却学习与竞争优势之间关系的中介作用	验证

采用实证数据，分析了组织忘却学习（组织遗忘、惯例和信念变革）对竞争优势的影响，同时就创业导向（创新和超前行动性、风险承担性）的中介作用进行分析，并就环境动态性的调节作用进行了验证。实证结果表明，组织遗忘、惯例和信念变革对创新和超前行动性、风险承担性均具有显著的正向作用，创新和超前行动性、风险承担性对竞争优势具有显著的正向作用，环境动态性正向调节了风险承担性对竞争优势的直接作用，同时正向调节了风险承担性在组织忘却学习与竞争优势之间的间接作用。相反地，环境动态性对创新与超前行动性与竞争优势的关系的调节作用不显著。

（1）组织忘却学习的组织遗忘、惯例和信念变革两维度对创业导向的创新和超前行动性、风险承担性的影响作用。结果显示，组织遗忘、惯例和信念变革分别对创新和超前行动性具有显著的正相关关系，但惯例和信念变革的影响作用明显大于组织遗忘的影响作用；组织遗忘、惯例和信念变革分别对风险承担性具有显著的正相关关系，但组织遗忘的影响作用明显大于惯例和信念变革的影响作用。

研究结果表明，忘却学习的两方面组织遗忘、惯例和信念变革在创业活动中呈现出不同的作用。首先，组织遗忘活动与惯例和信念的变革活动是忘却学习中不同的两个方面。遗忘活动体现组织废旧知识、技术、经验等的扬弃过程，而惯例和信念变革主要表现为对组织发展具有阻碍作用的惯例和信念进行革新的过程。两者存在学习内容的差异，所以在对创业导向各维度的影响方面存在差异；其次，尽管两维度相互独立但也相互影响，相互促进。遗忘活动首先能够为惯例和信念变革提供前提和基础，便于组织进一步进行知识的革新，而惯例和信念的更新有利于组织摆脱路径依赖性，克服组织刚性，激发组织遗忘活动。两者相互依赖，缺一不可。

（2）创业导向的创新和超前行动性、风险承担性对竞争优势具有正向的影响作用。创业导向对组织的竞争优势具有重要作用。创业导向是以创新为核心，体现了企业的前瞻性和风险承担倾向，通过创造性地整合企业资源，提高企业把握市场机会的能力，从而谋取企业在行业中的龙头地位和长期的竞争优势。创业导向的创新性可以开发具有独特竞争优势，企业会更加关注技术创新，将更多的资源和精力投入到创新活动中，以求提高市场竞争力；具有超前行动性的企业能够迅速识别并把握新的市场机会的意愿和先导性，通过开发新产品和服务进入新的市场，以取得先发优势。风险承担性是新产品开发活动、把握和利用潜在市场机会以取得竞争优势的前提条件。

（3）创业导向在组织忘却学习与竞争优势之间关系起中介作用，说明创业导向在组织忘却学习和竞争优势之间是不可或缺的。通过创业导向，组织忘却学习竞争优势的积极作用能够得到更有效的发挥。

（4）将情景因素环境动态性作为调节变量引入创业导向与竞争优势的关系中，以此检验环境在不同的影响机制中所表现出的不同影响作用。研究发现，创业导向的创新和超前行动性、风险承担性对竞争优势均具有显著的影响作用，但环境动态性的调节作用呈现不同的特点。环境动态性在创新和超前行动性对竞争优势的影响过程中的调节作用不显著，而在风险承担性对竞争优势的影响过程中具有显著的调节作用。创业导向的创新和超前行动性与风险承担性具有不同的特征，并且不同的要素在创业导向中表现出独特的贡献。

焦豪也认为创业导向不同维度之间不应该是联动共变的，相互之前也可以是独立变化的。创新和超前性、风险承担性对环境情景的影响也表现出不同的反应。在外部环境急剧变化的情况下，追求创新和超前行动已成为组织的立身之本，作为组织的一项基本职能而存在，并不会因为环境稳定或不稳定而改变创新的速度，而风险承担性与环境联系就比较紧密。环境动荡为组织提供了更多的机遇，敢于"吃螃蟹""当出头鸟"往往能够捕捉一些其他不作为企业而意识不到的创业机会，抢先占领细分市场，推出新产品，把握创业先机，占据竞争优势。李嘉诚在 20 世纪 50 年代欧美兴起塑料花热时，迅速投资生产塑料花，60 年代后期香港经济起飞，地价开始跃升，他迅速投资购买土地，70 年代后期，香港股市热得"烫手"，他投资炒作，毫不手软，及时识别环境的变化并敢于冒风险的精神造就了一代商业"巨无霸"。

二、理论意义和实践启示

（一）理论意义

第一，丰富了组织忘却学习的结果变量。在既往研究中，有关组织忘却学习的研究主要集中在创新领域，本研究将其对组织的影响范围扩展到创业导向和竞争优势方面。回应了 Baker 和 Sinkula 有关对忘却学习对组织竞争优势研究的呼吁。

第二，研究不仅打开了组织忘却学习对竞争优势影响的"黑箱"，而且进一步证实了忘却学习能够激发组织树立创业导向，进而提升组织的竞争优势的路径。

第三，拓展了组织忘却学习的情景研究。环境动态性一直被认为是促进组织开展忘却学习的关键因素，也有学者探讨了社会资本、冗余资源等情景变量对忘却学习的影响。但是目前较少有探讨环境动态性对忘却学习通过创业导向影响组织竞争优势的影响作用。本研究证实了环境动态性不仅在创业导向的风险承担性影响竞争优势的过程中具有重要调节作用，而且调节了风险承担性的中介作用。

第四，丰富了创业导向与忘却学习之间关系的研究。焦豪曾从创业导向和组织学习的视角考查了组织动态能力的形成过程，但未探讨二者的关系，本研究从组织忘却学习的视角，考查了创业导向的中介传导机制，将创业导向与组织知识的遗忘和更新联系起来，通过忘却学习，促进组织开展创新活动并愿意承担风险，进而促进组织的竞争优势。

（二）实践意义

第一，组织要重视忘却学习，注重新旧知识的管理。组织的新陈代谢在组织内部是客观存在的。企业应该主动开展忘却学习活动，根据环境的变化进行组织遗忘、惯例和信念更新。在知识经济时代，知识是企业竞争优势的核心资源。有效的知识管理能够更新"知识基因"，对知识的革新、融合能提高组织的资源禀赋。

第二，注重忘却学习方法。忘却学习和组织学习是相互交叉和重叠的，忘却学习侧重于知识的减少，而组织学习重在知识的增加，盲目忘却不利于组织再学习，只吸收不扬弃则会降低组织运行效率。因此在经济转型升级的背景下，组织需要保持忘却学习和组织学习的平衡，二者在组织知识不断增加、更新、扬弃的过程中，相互交替，和谐共存。

第三，注重培育组织的创业导向，例如在组织结构上可以进行相应的调整，让组织高层领导者参与组织战略规划部门的研究工作，共同培育组织创业导向的基因。

第四，关注组织内外部环境变化。环境动荡为组织提供了更多的机遇，敢于"吃螃蟹""当出头鸟"往往能够捕捉一些其他不作为企业而意识不到的创业机会，抢先占领细分市场，推出新产品，把握创业先机，占据竞争优势。组织应在组织内部设立市场分析或环境检测职能，时刻关注内外部环境变化，根据环境变化进行组织知识更新，战略调整，保持组织竞争优势。

三、局限性与未来研究

第一，从创业导向的角度，探讨了忘却学习对组织竞争优势的影响路径，得出了一些有意义的结论，但忘却学习对组织竞争优势的影响过程是负责的，在此过程中，可能还存在着其他的中介变量，例如组织柔性、动态能力等，可以从组织能力角度探讨忘却学习对竞争优势的影响。

第二，由于组织遗忘存在遗忘程度的问题，过多或过少的遗忘可能对创业导向两维度呈现不同的影响作用，而本研究仅探讨了二者之间的线性关系，未来的研究可以探讨组织遗忘的 U 形关系或倒 U 形关系。

第三，在问卷收集方面，为避免同源方差提高问卷的有效性，在调研过程中，采取匿名、两阶段收集问卷的方式，但由于问卷采取自报告的形式由同一个人填写，可能会导致变量的关系被放大或缩小，未来的研究可以采用个案研究、纵向或实验的实证研究等定性和定量相结合的方法来系统研究组织忘却学习对组织竞争优势的效果机制。

第六章　组织忘却学习能力评价

第五章从实证的角度验证了组织忘却学习的作用机制。研究表明，组织忘却学习不仅能够提升组织的创业导向，同时还能进一步通过创业导向促进组织在激烈的市场竞争中保持竞争优势。组织忘却学习在组织中，无论是高科技行业，还是传统的制造行业，都具有非常重要的时间价值。组织要发展，要在激烈的市场竞争中保持持续的竞争优势，必须要提升组织忘却学习能力。因此，在先前对组织忘却学习研究的基础上，首先，构建组织忘却学习的指标体系；然后，通过熵值赋权法和模糊综合评价法构建组织忘却学习能力评价模型；最后，以某企业为例对该企业的组织忘却学习能力进行评价。

第一节　组织忘却学习测评指标体系构建

一、组织忘却学习测评指标体系设计原则

评价指标体系选取的合理性、科学性及其质量的优劣性，将会对综合评价

结果的客观性、公正性与正确性产生重要的影响。要构建正确、客观的组织忘却学习能力评价指标体系，需要对影响组织忘却学习的因素进行详细的分析，并且遵循一定的指标选取原则，在详细地分析组织忘却学习能力的评价内容的基础上，在指标选取原则的指导下构建评价指标体系。

（一）全面性原则

组织忘却学习能力主要考查组织在组织遗忘、惯例和信念变革方面所表现出来的内涵，在建立其评价指标体系时需要综合核心能力和辅助能力的内容。评价指标的全面性并不是设置的指标越多越好，设置太多重复性指标，会干扰评价的结果，而指标设置太少容易导致评价结果的片面性。因此，设置指标时，在保证其涵盖内容全面性的基础上要精简指标，去掉不必要的指标，避免指标之间关联性，保证各指标之间相互独立。

（二）科学性原则

组织忘却学习能力评价指标体系应符合组织开展忘却学习的客观现实。构建的指标体系必须要有充足的文献基础，具有科学的理论依据，指标体系完备、系统明确具体，测算方法准确。构建的指标体系能够很好地反映出组织忘却学习能力，符合评价目标的要求；同时设置的评价指标和评价标准要符合客观实际，要具有可比性。

（三）可操作性原则

指标的含义要能够明确地表达，指标值的衡量要能够操作且容易操作。设置需要考虑可理解性、概念化与便利化。

（四）实用性原则

评价组织忘却学习能力的目的是为了分析企业在面对知识过时的情况下，能够积极开展忘却学习的能力。因此构建的指标体系能够清楚地反映出组织的忘却学习状况，能够对组织目前的忘却学习能力进行评价。

（五）系统性原则

组织忘却学习的指标体系是一个完整的系统，主要包含组织的知识管理能力、组织操作能力和组织支持和辅助能力。在构建组织忘却学习能力指标体系时，要以系统科学为依据，结合组织忘却学习的全过程，全要素的特征，全面、整体地反映组织忘却学习的实际状况。

二、组织忘却学习能力测评指标体系构建

（一）评价指标体系的构建思路

忘却学习是客观存在于组织内部的、独立的学习过程，指组织对不再满足发展的需要，或产生阻碍作用的惯例、信念进行主动遗忘，并通过搜寻、整合、吸收组织边界内外的新知识对惯例和信念进行变革的过程。忘却学习包含组织忘却学习和个体忘却学习，现在只针对组织忘却学习进行评价和构建及组织忘却学习能力的指标进行构建。

组织忘却学习受到多种因素的影响，例如组织的知识管理能力，组织的操作能力，以及组织的支持和辅助能力。组织忘却学习是一个复杂多维的变量，现有的文献中，关于组织忘却学习能力的测评没有直接相关的研究成果。组织

忘却学习属于组织学习的一个范畴，因此，组织学习能力的相关研究内容可以作为组织忘却学习能力研究的借鉴和参考。

Hult 等设计了全面、系统的组织学习能力模型，主要包含团队维度、系统维度、学习维度和记忆维度四个维度共 23 个问题构成。Gob 等提出了组织学习能力的测定维度，包含明确目标和任务、领导的承诺与授权、实验和激励、知识转移、团队工作与团队解决问题 5 个维度 21 个问题构成。Spender 研究反映了组织学习能力是组织作为一个整体对各种内外信息的认知和反应能力，包含预警能力、认知能力、传递能力和调节能力。Jerez-G mez 等从组织学习的过程出发，提出组织学习能力包括管理承诺，系统协调，开放和实验以及知识转移和集成 4 个维度。Chiva 等基于文献分析提出组织学习能力由实验行为、风险承担、外部交流、内部对话和参与决策五个维度。Nevis，DiBella 和 Gould 提出了组织学习的一个综合模型，该模型包括 7 种学习定位因素和 10 项促进因素。这 10 项促进因素是：①审视的需要；②业绩差异；③对度量的关注；④以实验为基础的思维模式；⑤坦诚的氛围；⑥持续的教育；⑦运作的多样性；⑧多重支持者；⑨参与式领导艺术；⑩系统的透视角度。国内学者也对组织学习能力的评价体系进行了研究。陈国权等提出组织学习能力主要包含发现能力、发明能力、选择能力、执行能力、推广能力、反思能力、获取知识能力、输出知识能力、建立数据库。高俊山等提出组织学习能力包含七个维度，分别为目标和任务的明晰性、领导责任与授权、实验和创新、知识共享能力、团队工作能力、系统的解决问题能力和预警能力。吴价宝等认为组织学习能力体现在建立学习型组织的能力上，体现为目标和任务的明确性、领导承诺与授权、实验与奖励、知识转移、员工教育和培训、团队工作和组织文化七个维度。牛继舜在借鉴组织学习以及转化理论的基础上，提出了组织学习能力的构成要素包括个人学习能力、知识吸收能力、知识传播能力和合作学习能力。

组织忘却学习作为组织学习非常重要的组成部分，是一种有意识、系统和持续的行为模式。面临科学技术的快速进步和市场环境的激烈动荡，组织吸收的知识渐渐地变得陈旧、过时。因此，组织忘却学习在组织发展中起着越来越重要的作用。而组织忘却学习能力反映了一个组织具备的对陈旧知识忘却和对新知识的吸收和创新的能力。无论是高科技企业，还是传统型企业，组织具备的忘却学习能力对于组织创新、组织发展都十分重要。组织忘却学习能力既受到组织忘却学习的影响因素的影响，同时也受到组织的支持力度的影响。组织忘却学习依赖于组织的知识管理能力，组织在知识管理过程中，能够识别组织中过时的废旧的知识，产生新知识，实施知识的创新。同时，组织忘却学习中，对旧知识的遗忘并不是组织忘却学习的根本目的，还要吸收新知识，并应用到组织管理中。对于组织而言，实施组织忘却学习，还需要组织的操作能力，认知、反思和执行能力强弱直接影响着组织忘却学习效率。在组织忘却学习中，组织的支持和辅助能力也起到非常重要的作用，缺乏组织的指出，组织忘却学习无法顺利地开展，组织忘却学习能力也无法达到实现。基于这个思路，在已有研究的基础上，结合组织忘却学习的影响因素，从组织知识管理能力、组织操作能力和组织支持和辅助能力 3 个方面构建组织忘却学习能力的指标体系。

（二）组织知识管理能力

知识管理能力是组织对内部的知识进行管理的能力。根据知识管理的过程，知识管理分为知识获取、知识整合和知识创新 3 种基本活动。组织忘却学习是对组织知识的管理过程，根据组织忘却学习的含义，分析知识管理能力。从知识认知能力、知识转移能力和知识创新能力来衡量。

1. 知识识别能力

知识识别是对组织知识的数量、价值、时空位置等属性的鉴别、辨认。组织长期发展中，原有的被员工普遍认可的知识在组织中逐渐固化，成为组织惯例和信念。伴随着科学技术的进步，原有的知识已经不再符合组织发展的需要，甚至起到阻碍的作用。知识识别能力越强的组织，越能够清晰、准确地识别组织的废旧知识和阻碍性的知识，为后期知识的吸收和创新奠定基础。相比较而言，知识识别能力较差的组织，无法识别出废旧知识和误导性知识，降低了总体的知识管理能力。

2. 知识转移能力

Teece 最早提出知识转移的概念，他指出通过越来越频繁的技术知识在组织间的输入和输出，能够使知识突破地域障碍在全世界范围内得到广泛的应用。学者们的研究视角、研究主体和所处的情景因素不同，对知识转移的定义也不同。通过对相关文献的梳理发现，知识转移的核心概念是传播、吸收和应用。我们认为知识转移能力包含组织能够对组织的废旧知识忘却、从组织内外吸收新知识，并能够在组织内部应用的能力。

3. 知识创新能力

知识创新是指组织内部创造新知识的过程。通过知识创新，增强了组织忘却学习的能力，增强了组织的竞争力，实现组织的可持续发展。知识创新是在现有的知识资源的基础上开发、导出和产生各类新知识的过程，如新的产品知识、新的业务知识、新的组织文化知识等。知识创新也可以通过探索新知识来进行。

（三）组织操作能力

组织操作能力是指组织面对外部环境动态变化、高新技术日新月异的情况能够及时开展忘却学习的能力。可以分为发现能力、反思能力和执行能力。

1. 发现能力

发现能力是指组织对于经营管理的质疑能力以及对内外机会的把握能力。主要体现在知识搜索能力、知识吸收能力和知识应用能力。

2. 反思能力

反思能力是指组织能够对目前经营情况出现的问题及问题原因进行反思，并总结归纳形成规律的能力。主要包括具有总结经验和反思能力；在以往发生的事情中探索出规律性知识；对以往工作进行反思，总结经验和教训。

3. 执行能力

执行能力是指组织能够采用新的措施和方法付诸实施的能力。主要体现在能将工作中的想法（目标）转化成具体行动；能将工作的计划有效贯彻执行；能将工作上的想法最终变成现实。

（四）组织支持和辅助能力

组织支持和辅助对于组织忘却学习开展具有帮助作用。组织忘却学习需要组织的协助开展。组织忘却学习的行为不同于组织学习，需要组织员工对以往习惯的工作内容、工作方式进行改变，打破原有的工作模式。对于员工而言，忘却学习比单纯的新知识的获取还要困难。因此组织支持和辅助能力是非常重要的。主要包含高层领导的承诺和授权、员工教育和培训、组织文化。

1. 高层领导的承诺和授权

高层领导的承诺和授权主要指高层管理者对组织忘却学习工作的参与、支持和授权。包含高层管理者对变革与风险的接收程度；高层管理者与员工在共同愿景上的吻合度；管理者在重要决策上吸收员工的参与度。

2. 员工的教育和培训

员工的教育和培训指的是通过教育和培训的方式使员工意识到开展组织忘却的重要性，以及如何开展忘却学习和更好地开展忘却学习。体现在组织对员工教育理论的先进性；教育活动的经常性和多样性；对新技术和知识培训的及时性。

3. 组织文化

组织文化指的是在组织中树立有利于开展组织忘却学习的价值观和信念，从内在环境中烘托出开展忘却学习的必要性。包含高层管理者与员工之间的平等性；成员之间的坦诚与信任程度；成员具有危机感与变革意识。

（五）组织忘却学习的评价指标体系

根据对组织知识管理能力、组织操作能力、组织支持和辅助能力评价指标的构建和描述，得到组织忘却学习的评价指标体系，其结构如表6.1所示。

表 6.1 组织忘却学习能力指标体系

评价指标	一级指标	二级指标	三级指标
组织忘却学习能力	知识管理能力	知识识别能力	善于对组织经营提出质疑
			能够发现组织存在的问题
			能够发现组织内外的机遇和挑战
		知识转移能力	知识传递的有效性
			错误和失败在组织各个层次中被分析和讨论的频度
			组织成员有机会交流对组织有利的新观念、程序和行为
		知识创新能力	将新观念带入组织的程度
			对现行做事方式敢于质疑的勇气
			创新性的观点能否经常受到管理层的表扬和奖励
	组织操作能力	发现能力	具有知识搜索能力
			具有知识吸收能力
			具有知识应用能力
		反思能力	具有总结经验和反思能力
			在以往发生的事情中探索出规律性知识
			对以往工作进行反思、总结经验和教训
		执行能力	能将工作上的想法（目标）转化成具体行动
			能将工作的计划有效贯彻执行
			能将工作上的想法最终变成现实
	组织支持辅助能力	高层领导的承诺和授权	高层管理者对变革与风险的接受态度
			高层管理者与员工在共同愿景上的吻合度
			管理者在重要决策上吸收员工的参与度
		组织文化	高层管理者与员工之间的平等性
			成员之间的坦诚与信任程度
			成员具有危机感与变革意识
		员工的教育与培训	组织对员工教育理念的先进性
			教育活动的经常性和多样性
			对新技术与知识培训的及时性

第二节 组织忘却学习能力评价方法

评价方法的目的在于对评价对象进行分类和排序。常用的评价方法包括层次分析法、因子分析法、模糊评价法、灰色综合评价法和可拓评价法等。本研究主要采用模糊综合评价法、层次分析法和熵值赋权法。

一、模糊综合评价法

模糊综合评价法属于多指标综合评价方法中的一种，它借助模糊数学的基本原理，将一些边界模糊、不容易定量的指标定量化，从多个因素对被评价事物隶属等级状况进行综合评价。这种方法的数学模型比较简单，容易操作，既有严格的定量分析，又有对模糊现象主观上的定性描述，是能较好地解决多因素、多层次、非确定性的复杂问题的综合评价。

组织忘却学习能力的评价属于多目标决策方法的应用范畴，同时考虑到组织忘却学习能力的模糊性、难以量化性、不确定性等基本特征，拟采用模糊综合评价法对员工失败学习能力进行评价。

二、层次分析法

层次分析法（Analytic Hierarchy Process，AHP）是将与决策总是有关的元素分解成目标、准则、方案等层次，在此基础之上进行定性和定量分析的决策方法。层次分析法的特点是在对复杂的决策问题的本质、影响因素及其内在关系等进行深入分析的基础上，利用较少的定量信息使决策的思维过程数学化，从而为多目标、多准则或无结构特性的复杂决策问题提供简便的决策方法。尤其适合于对决策结果难以直接准确计量的场合。

层次分析法首先是将决策问题按总目标、各层子目标、评价准则直至具体的备投方案的顺序分解为不同的层次结构；然后，用求解判断矩阵特征向量的办法，求得每一层次的各元素对上一层次某元素的优先权重；最后，用加权和的方法递阶归并各备择方案对总目标的最终权重，此最终权重最大者即为最优方案。这里所谓"优先权重"是一种相对的量度，它表明各备择方案在某一特点的评价准则或子目标，标下优越程度的相对量度，以及各子目标对上一层目标而言重要程度的相对量度。层次分析法比较适合于具有分层交错评价指标的目标系统，而且目标值又难以定量描述的决策问题。其用法是构造判断矩阵，求出其最大特征值，及其所对应的特征向量 W，归一化后，即为某一层次指标对于上一层次某相关指标的相对重要性权值。

三、熵值赋权法

熵值赋权法是一种常用的确定指标权重的方法，具有以下特点：① 熵值赋权法基于"差异驱动"原理，突出局部差异，由各个样本的实际数据求得最优权重，反映了指标信息熵值的效用价值，避免了人为的影响因素，因而给出的指标权重更具有客观性，从而具有较高的再现性和可信度；② 赋权过程具有透明性、可再现性；③ 采用归一化方法对数据进行无量纲化处理，具有单调性、缩放无关性和总量恒定性等优异品质，且鲁棒性较好。

第三节　组织忘却学习能力评价过程

一、组织忘却学习能力评价层级模型

组织忘却学习能力是从知识管理能力、组织操作能力和组织支持和辅助能力3方面展开的，通过表6.1所建立的组织忘却学习能力评价指标体系，构建组织忘却学习的评价层次模型如图6.1所示。通过由三级指标向上逐层进行评价，可以得到组织忘却学习能力的评价结果。

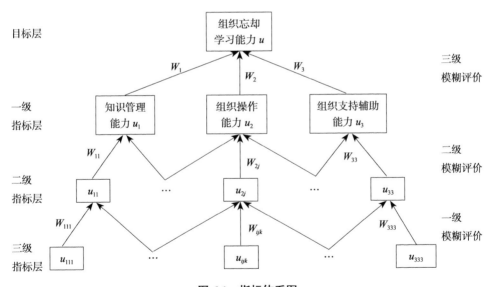

图6.1　指标体系图

二、确定评价等级

评价等级是对各层次各评价结果的描述和表征形式，采用李斯特量表确定各个因素的评价。将各层次指标的评价等级设为强、较强、一般、较弱、弱 5 个等级，分别对应数值区间为 [0.8，1]、[0.6，0.8）、[0.4，0.6）、[0.2，0.4）、[0，0.2），评价等级 $V=\{v_1, v_2, v_3, v_4, v_5\}=\{$ 强，较强，一般，较弱，弱 $\}$。

三、确定评价因素集

评价因素集 $U=\{u_1, u_2, \cdots, u_m\}$ 描述评价对象的 m 种因素（即评价指标），根据表 6.1 所示的指标体系，得到目标层面因素集 U、一级指标评价因素集 U_i、二级指标评价因素集 U_{ij}。其中 $U=\{u_1, u_2, u_3\}=\{$ 知识管理能力、组织操作能力、组织支持和辅助能力 $\}$；$U_i=\{u_{i1}, u_{i2}, \cdots, u_{ij}\}$，（$i=1$，2，3），$u_{ij}$ 表示 U_i 下属的第 j 个二级指标，例如 u_{22} 表示 U_2（组织操作能力）一级指标下属的第二个二级指标（反思能力）。共有 3 个一级指标。$U_{ij}=\{u_{ij1}, u_{ij2}, \cdots, u_{ijk}\}$，$u_{ijk}$ 表示二级指标 U_{ij} 下属的第 k 个三级指标，例如 u_{221} 表示二级指标 u_{22}（反思能力）下属的第一个三级指标（对以往工作进行反思、总结经验和教训）。共有 9 个二级指标评价因素集。

四、构建综合评价判断等级标准

评价标准是对各层次各评价结果的描述和表征形式，采用李克特量表确定模型中各个因素的评价等级为 5 个等级。该量表由一组陈述组成，包含"很弱""较弱""一般""较强""很强"五种形式，依次记为1~5，反映相应的程度或不同状态，可表示为$V=\{V_1, V_2, V_3, V_4, V_5\}=\{$很弱，较弱，一般，较强，很强$\}$，具体见表6.2。

表 6.2　评价指标等级标准

评价指标值	组织忘却学习能力等级	组织忘却学习能力等级说明
< 60	很弱	组织忘却学习能力很弱，需要整体提升
60~70	较弱	组织忘却学习能力弱，急需改善
71~80	一般	组织忘却学习能力一般，需要持续提高
81~90	较强	组织忘却学习能力较强，个别指标需进一步优化
91~100	很强	组织忘却学习能力很强，继续保持优势

五、确定各层指标的权重

（一）一、二级指标权重

对于整个结构的价值或者说重要性，在模型中的每一个因素存在一定的差异。如何计算这种差异，就需要采用一定的计算方法构造判断矩阵。

以组织忘却学习评价模型为例，构造比较判断矩阵，使用"和积法"求矩阵的特征向量和特征根，并进行一致性检验。满足于一致性检验的判断矩阵，其特征向量的各分量即为各个指标对上一层指标的权重。

首先，采用专家咨询法，请每个专家就一个评价维度彼此的重要性作出判断。选择组织学习领域的专家和企业的高层管理者进行打分，共8名。其中3名管理学方面的教授，5名企业的高层管理者。采用1~9标度法（表6.3），对每一层次的各个指标进行两两比较，将判断标度值填入表格。

表 6.3 判断矩阵中各元素的权重

a_{ij}	两指标相比	解释
1	同等重要	指标 i 和 j 同等重要
3	稍微重要	指标 i 和 j 稍微重要
5	明显重要	指标 i 比 j 重要
7	重要得多	指标 i 比 j 明显重要
9	极端重要	指标 i 和 j 绝对重要
2、4、6、8	介于两相邻重要程度之间	
以上各数的倒数	两指标反过来比较	

其次，采用层次分析法，得出各评价维度的权重，从而构造出判断矩阵。由于涉及多名专家对同一个元素比较值存在一定的主观差异性，采取少数服从多数的众数法则确定判断矩阵的最终元素。

最后，进行矩阵运算，得出评价维度层的权重。同理，也可以计算出每一个评价维度内部所属的各项评价内容彼此的重要性，即各个指标要素的权重。

（二）确定指标权重

首先，将判断矩阵的每一列元素作归一化处理，其元素的一般项为

$$\overline{P_{ij}} = \frac{P_{ij}}{\sum_{k=1}^{n} \overline{P_{kj}}} \quad (i,\ j = 1,\ 2,\ 3,\ \cdots,\ n)$$

$\overline{P_{ij}} = \dfrac{P_{ij}}{\sum_{k=1}^{n} \overline{P_{kj}}}$ 将各列归一化后的判断矩阵按行相加

$$\overline{W_i} = \sum_{j=1}^{n} \overline{P_{ij}} \quad (i,\ j = 1,\ 2,\ 3,\ \cdots,\ n)$$

然后，将向量 $\overline{\boldsymbol{W}} = \left[\overline{W_1}, \overline{W_2}, \cdots, \overline{W_n}\right]^T$ 归一化，得到

$$\overline{W_i} = \frac{\overline{W_i}}{\sum\limits_{j=1}^{n} \overline{W_j}} \qquad (i, j=1, 2, 3, \cdots, n)$$

得到的 $\boldsymbol{W} = [W_1, W_2, \cdots, W_n]^T$ 即为所求的特征向量。

计算判断矩阵的最大特征根为 $\lambda_{\max} = \sum\limits_{i=1}^{n} \frac{(PW)_i}{nW_i}$，式中：$(PW)_i$ 为 PW 的第 i 个分量。

进行一致性检验。计算一致性指标 CI。

$$CI = \frac{\lambda_{\max} - n}{n - 1}$$

查找相应的平均随机一致性指标 RI，如表 6.4 所示。

表 6.4　随机一致性指标

N	1	2	3	4	5	6	7	8	9
RI	0	0	0.58	0.89	1.12	1.24	1.32	1.41	1.45

计算随机一致性指标 CR，如表 6.5 所示。

$$CR = \frac{CI}{RI}$$

表 6.5　一致性检验

指标	M	C_1	C_2	C_3
$\lambda_{\max}$	3.07	3.05	3.05	3.09
CI	0.04	0.03	0.03	0.04
RI	0.58	0.58	0.58	0.58
CR	0.07	0.05	0.05	0.07

一般而言 CR 越小，判断矩阵的一致性越好，通常认为 CR < 0.1 时，判断矩阵满足一致性检验；否则，应对判断矩阵进行适当调整。通过上述步骤，得到各指标权重系数，同时，通过了一致性检验（CR < 0.1）

这样评价模型中各个指标的权重系数 W 基本可以确定（表 6.6～表 6.9）。

表 6.6　知识管理能力的判断矩阵及权重

C_1	P_{11}	P_{12}	P_{13}	W_1
P_{11}	1	0.50	0.20	0.10
P_{12}	2	1	0.20	0.32
P_{13}	5	5	1	0.58

表 6.7　组织操作能力的判断矩阵及权重

C_2	P_{21}	P_{22}	P_{23}	W_2
P_{21}	1	0.50	0.33	0.16
P_{22}	2	1	0.33	0.25
P_{23}	3	3	1	0.59

表 6.8　组织支持辅助能力的判断矩阵及权重

C_3	P_{31}	P_{32}	P_{33}	W_3
P_{31}	1	3	0.25	0.31
P_{32}	0.33	1	4	0.35
P_{33}	4	0.25	1	0.34

表 6.9　组织忘却学习能力综合评价的判断矩阵及权重

M	C_1	C_2	C_3	W_i
C_1	1	0.33	3	0.27
C_2	3	1	4	0.62
C_3	0.33	0.25	1	0.11

结合表6.1中组织忘却学习能力评价结构模型，经过层次分析法处理后，可以达到一、二级指标权重（表6.10）。

表6.10　组织忘却学习能力评价结构模型

维度层	权重	内容层		权重
知识管理能力 C_1	0.27	知识识别能力	P_{11}	0.10
		知识转移能力	P_{12}	0.32
		知识创新能力	P_{13}	0.58
组织操作能力 C_2	0.62	发现能力	P_{21}	0.16
		反思能力	P_{22}	0.25
		执行能力	P_{23}	0.59
组织支持辅助能力 C_3	0.11	高层领导的承诺和授权	P_{31}	0.31
		组织文化	P_{32}	0.35
		员工的教育与培训	P_{33}	0.34

（三）三级指标权重

三级指标权重采用客观赋值法中的熵值赋权法进行赋值。其计算步骤如下：

（1）确定决策矩阵（原始数据矩阵）

$$M = \begin{bmatrix} X_{11} & X_{12} & \cdots & X_{1n} \\ X_{21} & X_{22} & \cdots & X_{2n} \\ \vdots & \vdots & \ddots & \vdots \\ X_{m1} & X_{m2} & \cdots & X_{mn} \end{bmatrix}$$

其中，决策矩阵中包括 n 个属性，m 个方案或样本。

（2）对决策矩阵进行标准化后的决策矩阵

$$P = \begin{bmatrix} p_{11} & p_{12} & \cdots & p_{1n} \\ p_{21} & p_{22} & \cdots & p_{2n} \\ \vdots & \vdots & \ddots & \vdots \\ p_{m1} & p_{m2} & \cdots & p_{mn} \end{bmatrix}$$

其中，$p_{ij} = \dfrac{d_{ij}}{\sum\limits_{i=1}^{m} d_{ij}}$，$\sum\limits_{i=1}^{m} p_{ij} = 1$ （$j = 1, 2, 3, \cdots, n$）

（3）根据信息熵的内涵，计算 $E_j = -\dfrac{1}{\ln(m)} \sum\limits_{i=1}^{m} p_{ij} \ln(p_{ij})$

（4）计算区分度 $d_j = 1 - E_j$

（5）计算属性的权重

$$w_j = \frac{d_j}{\sum\limits_{j=1}^{n} d_j} \text{ 或者 } w_j^0 = \frac{\lambda_j w_j}{\sum\limits_{j=1}^{n} \lambda_j w_j}$$

其中，λ_j 为专家经验的主观估计，w_j^0 为融入主观判断修正后的权重。

六、模糊综合评价

（一）构建模糊矩阵

在构造了模糊评判等级标准后，需逐个对被评事物从每个因素上进行量化，即确定从单因素来看被评事物对等级模糊子集的隶属度。单独从一个因素出发，取因素集 U 中的第 i 个因素 U_i 进行评价，则第 i 个评价指标隶属于第 j 等级的隶属度为 r_{ij}，则对 U_i 的单因素评价模糊集为

$R_i = \{r_{i1}, r_{i2}, \ldots$

对所有单因素都进行评价后，可得到模糊关系矩阵：

$$R = \begin{Bmatrix} R_1 \\ R_2 \\ \vdots \\ R_n \end{Bmatrix} \begin{Bmatrix} r_{11} & r_{12} & \cdots \\ r_{21} & r_{22} & \cdots \\ \vdots & \vdots & \ddots & \vdots \\ r_{n1} & r_{n2} & \cdots \end{Bmatrix}$$

（二）综合评价

利用合适的算子将权重 A 与各被评事物的模糊关系矩阵 R 进行合成，得到各被评事物的模糊综合评价结果向量 B，即 $B = A \cdot R$

1. 确定模糊算子

处理模糊综合评价向量通常有最大隶属度原则和加权平均原则两种方法。本研究拟采用最大隶属度原则，即

若评价结果向量 $B = (b_1, b_2, \cdots$ 中存在 $b_r = \max\{b_j\}$，则被评价对象总体上属于第 r 等级。

2. 模糊综合评价

模糊综合评价法往往从第 n 层评价因素开始，利用该级模糊关系矩阵 $R^{(n)}$ 与相应权重矩阵 $A^{(n)}$ 采用上述模糊合成算子求出该层次评价因素的模糊评价向量矩阵 $R^{(n)}$，以此类推，逐级进行模糊评价，直到获得第一层评价因素的模糊评价向量矩阵 $R^{(1)}$。

第四节　组织忘却学习能力评价实践

一、T公司简介

T钢铁（集团）有限公司始建于1934年，地处汾河之滨龙城太原。T公司是集铁矿山采掘和钢铁生产、加工、配送、贸易为一体的特大型钢铁联合企业，也是全球不锈钢行业领军企业，具备年产1200万吨钢（其中450万吨不锈钢）的能力。T公司以创新引领发展，依托国家级技术中心、先进不锈钢材料国家重点实验室等科技创新平台，形成了以不锈钢、冷轧硅钢、高强韧系列钢材为主的高效节能长寿型产品集群，重点产品应用于石油、化工、造船、集装箱、铁路、汽车、城市轻轨、大型电站、"神舟"系列飞船等重点领域和新兴行业，双相钢、耐热钢、铁路行业用钢、车轴钢等20多个品种国内市场占有率第一，30多个品种填补国内空白、替代进口。

T公司加快转型发展。建设资源保障基地和钢材延伸加工基地，构建具有国际竞争力的上下游产业链；发展新材料、工程技术、金融服务、国际贸易等相关多元产业，形成新的效益增长点；推进国际化经营，同美、德、法、英、日、韩、澳大利亚等80多个国家和地区保持稳定的经济贸易关系，不锈钢材出口量保持国内领先地位。

T公司将坚持做强主业、延伸发展、多元发展、绿色发展、和谐发展，建设全球最具竞争力的不锈钢企业，成为国际一流的大型企业集团。

二、T 公司忘却学习状况

（一）知识管理能力

知识识别能力是对组织内外环境中的知识数量、价值等属性进行辨别和辨认的过程。T 公司成立时间较早，主营业务是钢铁产品的生产和制造。在发展过程中，强调以创新引领发展。在新产品研发、设计，产品制造等方面积极搜集新知识，引入高科技人才。知识转移能力是指组织能够对组织的废旧知识忘却、从组织内外吸收新知识，并能够在组织内部应用的能力。建厂近 90 年来，产品更新换代多次，均需要进行知识的引入，并进行旧知识的抛弃，知识转移能力，这些将直接影响着新产品的生产、新技术的应用，以及组织的发展。知识创新是指组织内部创造新知识的过程。T 公司积极倡导"鼓励创新、宽容失败、反对守成"的创新文化，引导全员"闻新则喜、闻新则动、以新制胜"，靠创新补齐短板，激发活力；组织 10 多个产、学、研、用相结合的创新型攻关团队，跟踪国内外重大项目，超前介入工程项目设计环节，主动推介性能更优异、成本更低的新型材料，以有力的话语权推动用钢行业升级换代；发挥 16 个科研实验室和先进不锈钢材料国家重点实验室、山西省不锈钢工程技术研究中心、铁道车辆用钢工程技术研究中心的创新平台作用，承接国家和省级重大科研项目 30 多个，强化产品设计和工艺技术试验，加快形成批量生产能力。

（二）组织操作能力

组织操作能力是指组织面对外部环境动态变化、高新技术日新月异的情况能够及时开展忘却学习的能力。可以分为发现能力、反思能力和执行能力。发现能力是指 T 公司能够把握进行知识搜索，并吸收外部新知识的能力。反思能力是指 T 公司对组织目前的组织结构、产品知识等进行反思，并发现问题，进行知识更新，甚至对技术进行更新改造能力。执行能力是指 T 公司能够采用新的措施和方法付诸实施的能力。主要体现在能将工作中的想法（目标）转化成具体行动；能将工作的计划有效贯彻执行；能将工作上的想法最终变成现实。

（三）组织支持和辅助能力

对于组织支持和辅助工作，T 公司高层领导十分重视组织的学习和创新，并能够为新技术的引进和传播提供一定的条件。其中高层领导的承诺和授权主要是指 T 公司的管理者对组织忘却学习工作的参与、支持和授权。员工的教育和培训指的是 T 公司是否能够开展专门的忘却学习的培训和教育，能够将忘却工作进行一种专业化的教育。组织文化指的是 T 公司能够在企业的价值观、信念等方面引导员工开展忘却学习，摒弃陈旧的理念和思路，敢于打破常规，获取新知识，进行信念和惯例的变革。

三、样本数据的收集与处理

本研究对 T 公司以钢铁业务为主业的各分公司忘却学习能力进行调查分析和评估。根据组织忘却学习能力评价指标体系，编制了组织忘却学习能力调查问卷。该问卷以李斯特五维量表的形式设置。通过问卷调查的方式，进行问卷发放和回收工作。首先跟 T 公司的人力资源部进行联系，说明调查的目的和意义，确定问卷发放的时间和形式。2018 年 7 月和 8 月，向 T 公司钢铁主业部分的中层以上领导发放问卷 300 份，回收有效问卷 185 份。问卷回收率为

61.67%，问卷经过整理、汇总、统计后，得到组织忘却学习能力调查情况，具体如表 6.11 所示。

表 6.11　组织忘却学习能力调查情况

评价 指标	一级 指标	二级 指标	三级 指标	很弱	较弱	一般	较强	很强
组织忘却学习能力	知识管理能力	知识识别能力	善于对组织经营提出质疑	5	8	58	72	42
			能够发现组织存在的问题	1	11	57	77	39
			能够发现组织内外的机遇和挑战	3	10	45	83	44
		知识转移能力	知识传递的有效性	4	6	36	91	48
			错误和失败在组织各个层次中被分析和讨论的频度	2	11	50	88	34
			组织成员有机会交流对组织有利的新观念、程序和行为	5	18	66	67	29
		知识创新能力	将新观念带入组织的程度	2	3	40	93	47
			对现行做事方式敢于质疑的勇气	2	7	35	100	41
			创新性的观点能否经常受到管理层的表扬和奖励	4	18	67	60	36
	组织操作能力	发现能力	具有知识搜索能力	2	10	45	86	42
			具有知识吸收能力	3	11	52	81	38
			具有知识应用能力	4	10	53	76	42
		反思能力	具有总结经验和反思能力	2	8	41	101	33
			在以往发生的事情中探索出规律性知识	3	15	61	78	28
			对以往工作进行反思总结经验和教训	7	29	52	67	30
		执行能力	能将工作上的想法（目标）转化成具体行动	6	23	57	73	26
			能将工作的计划有效贯彻执行	3	11	57	77	37
			能将工作上的想法最终变成现实	19	65	54	30	17

评价指标	一级指标	二级指标	三级指标	很弱	较弱	一般	较强	很强
组织忘却学习能力	组织支持辅助能力	高层领导的承诺和授权	高层管理者对变革与风险的接受态度	4	28	69	66	18
			高层管理者与员工在共同愿景上的吻合度	4	19	40	83	39
			管理者在重要决策上吸收员工的参与度	14	51	83	24	13
		组织文化	高层管理者与员工之间的平等性	4	6	40	75	60
			成员之间的坦诚与信任程度	1	6	45	82	51
			成员具有危机感与变革意识	1	15	57	78	34
		员工的教育与培训	组织对员工教育理念的先进性	8	27	76	52	22
			教育活动的经常性和多样性	1	4	31	106	43
			对新技术与知识培训的及时性	3	8	52	85	37

四、忘却学习能力的评价分析

（一）计算权重

依据上述熵值赋权法的计算步骤，将调研数据输入 Excel 软件，经计算整理可得组织忘却学习能力三级指标权重。具体计算过程如下：

（1）列出源数据矩阵 M

$$M = \begin{bmatrix} 5 & 4 & 4 & 4 & \cdots & 4 \\ 4 & 5 & 4 & 5 & \cdots & 4 \\ 3 & 3 & 5 & 5 & \cdots & 5 \\ 5 & 5 & 5 & 5 & \cdots & 3 \\ \vdots & \vdots & \vdots & \vdots & \ddots & \vdots \\ 4 & 4 & 5 & 5 & \cdots & 5 \end{bmatrix}$$

其中，矩阵共有 185 行，27 列，由于数据量较大，仅列出部分数据。

（2）根据公式 $P_{ij} = \dfrac{X_{ij}}{\sum\limits_{1}^{m} X_{ij}}$ ，计算可得新矩阵 $\boldsymbol{P}$

$$\boldsymbol{P} = \begin{bmatrix} 0.0072 & 0.0057 & 0.0056 & 0.0055 & \cdots & 0.0057 \\ 0.0058 & 0.0072 & 0.0056 & 0.0069 & \cdots & 0.0057 \\ 0.0043 & 0.0043 & 0.0070 & 0.0069 & \cdots & 0.0071 \\ 0.0072 & 0.0072 & 0.0070 & 0.0069 & \cdots & 0.0043 \\ \vdots & \vdots & \vdots & \vdots & \ddots & \vdots \\ 0.0058 & 0.0057 & 0.0070 & 0.0069 & \cdots & 0.0071 \end{bmatrix}$$

（3）根据公式 $P' = P_{ij} \ln(P_{ij})$，计算可得 $\boldsymbol{P'}$，则

$$\boldsymbol{P'} = \begin{bmatrix} -0.0306 & -0.0380 & -0.0315 & -0.0237 & \cdots & -0.0295 \\ -0.0174 & -0.0180 & -0.0179 & -0.0237 & \cdots & -0.0295 \\ -0.0243 & -0.0380 & -0.0377 & -0.0357 & \cdots & -0.0353 \\ -0.0243 & -0.0252 & -0.0250 & -0.0237 & \cdots & -0.0234 \\ \vdots & \vdots & \vdots & \vdots & \ddots & \vdots \\ -0.0298 & -0.0296 & -0.0349 & -0.0342 & \cdots & -0.0353 \end{bmatrix}$$

（4）根据公式

$$E_j = -\frac{1}{\ln(m)} \sum_{i=1}^{m} P_{ij} \ln(P_{ij}) \ 、 \ d_j = 1 - E_j \ 和 \ w_j = \frac{d_j}{\sum\limits_{j=1}^{n} d_j}$$

可获得 27 个三级指标的权重，如表 6.12 所示。

表 6.12　组织忘却学习能力指标体系

评价指标	一级指标	二级指标	三级指标
组织忘却学习能力	知识管理能力（0.27）	知识识别能力（0.10）	善于对组织经营提出质疑（0.375）
			能够发现组织存在的问题（0.299）
			能够发现组织内外的机遇和挑战（0.326）
		知识转移能力（0.32）	知识传递的有效性（0.293）
			错误和失败在组织各个层次中被分析和讨论的频度（0.291）
			组织成员有机会交流对组织有利的新观念、程序和行为（0.416）
		知识创新能力（0.58）	将新观念带入组织的程度（0.255）
			对现行做事方式敢于质疑的勇气（0.273）
			创新性的观点能否经常受到管理层的表扬和奖励（0.472）
	组织操作能力（0.62）	发现能力（0.16）	具有知识搜索能力（0.3）
			具有知识吸收能力（0.337）
			具有知识应用能力（0.363）
		反思能力（0.25）	具有总结经验和反思能力（0.222）
			对以往发生的事情中探索出规律性知识（0.306）
			对以往工作进行反思总结经验和教训（0.472）
		执行能力（0.59）	能将工作上的想法（目标）转化成具体行动（0.279）
			能建工作的计划有效贯彻执行（0.202）
			能将工作上的想法最终变成现实（0.519）
	组织支持辅助能力（0.11）	高层领导的承诺和授权（0.31）	高层管理者对变革与风险的接受态度（0.288）
			高层管理者与员工在共同愿景上的吻合度（0.273）
			管理者在重要决策上吸收员工的参与度（0.439）
		组织文化（0.35）	高层管理者与员工之间的平等性（0.364）
			成员之间的坦诚与信任程度（0.281）
			成员具有危机感与变革意识（0.355）
		员工的教育与培训（0.34）	组织对员工教育理念的先进性（0.513）
			教育活动的经常性和多样性（0.187）
			对新技术与知识培训的及时性（0.3）

（二）确立模糊关系矩阵

根据模糊综合评价方法，结合调研数据，得到员工组织忘却能力一级模糊关系矩阵 $R_1^{(2)}$，$R_2^{(2)}$，$R_3^{(2)}$，$R_4^{(2)}$，$\cdots$，$R_9^{(2)}$。具体如下：

$$R_1^{(2)} = \begin{bmatrix} 0.0270 & 0.0432 & 0.3135 & 0.3892 & 0.2270 \\ 0.0054 & 0.0595 & 0.3081 & 0.4162 & 0.2108 \\ 0.0162 & 0.0541 & 0.2432 & 0.4486 & 0.2378 \end{bmatrix}$$

$$R_2^{(2)} = \begin{bmatrix} 0.0216 & 0.0324 & 0.1946 & 0.4919 & 0.2595 \\ 0.0108 & 0.0595 & 0.2703 & 0.4757 & 0.1838 \\ 0.0270 & 0.0973 & 0.3568 & 0.3622 & 0.1568 \end{bmatrix}$$

$$R_3^{(2)} = \begin{bmatrix} 0.0108 & 0.0162 & 0.2162 & 0.5027 & 0.2541 \\ 0.0108 & 0.0378 & 0.1892 & 0.5405 & 0.2216 \\ 0.0216 & 0.0973 & 0.3622 & 0.3243 & 0.1946 \end{bmatrix}$$

$$R_4^{(2)} = \begin{bmatrix} 0.0108 & 0.0541 & 0.2432 & 0.4649 & 0.2270 \\ 0.0162 & 0.0595 & 0.2811 & 0.4378 & 0.2054 \\ 0.0216 & 0.0541 & 0.2865 & 0.4108 & 0.2270 \end{bmatrix}$$

$$R_5^{(2)} = \begin{bmatrix} 0.0108 & 0.0432 & 0.2216 & 0.5459 & 0.1784 \\ 0.0162 & 0.0811 & 0.3297 & 0.4216 & 0.1514 \\ 0.0378 & 0.1568 & 0.2811 & 0.3622 & 0.1622 \end{bmatrix}$$

$$R_6^{(2)} = \begin{bmatrix} 0.0324 & 0.1243 & 0.3081 & 0.3946 & 0.1405 \\ 0.0162 & 0.0595 & 0.3081 & 0.4162 & 0.2000 \\ 0.1027 & 0.3514 & 0.2919 & 0.1622 & 0.0919 \end{bmatrix}$$

$$R_7^{(2)} = \begin{bmatrix} 0.0216 & 0.1514 & 0.3730 & 0.3568 & 0.0973 \\ 0.0216 & 0.1027 & 0.2162 & 0.4486 & 0.2108 \\ 0.0757 & 0.2757 & 0.4486 & 0.1297 & 0.0703 \end{bmatrix}$$

$$\boldsymbol{R}_8^{(2)} = \begin{bmatrix} 0.0216 & 0.0324 & 0.2162 & 0.4054 & 0.3243 \\ 0.0054 & 0.0324 & 0.2432 & 0.4432 & 0.2757 \\ 0.0054 & 0.0811 & 0.3081 & 0.4216 & 0.1838 \end{bmatrix}$$

$$\boldsymbol{R}_9^{(2)} = \begin{bmatrix} 0.0432 & 0.1459 & 0.4108 & 0.2811 & 0.1189 \\ 0.0054 & 0.0216 & 0.1676 & 0.5730 & 0.2324 \\ 0.0162 & 0.0432 & 0.2811 & 0.4595 & 0.2000 \end{bmatrix}$$

其中，$\boldsymbol{R}_1^{(2)}$，$\boldsymbol{R}_2^{(2)}$，$\boldsymbol{R}_3^{(2)}$，$\boldsymbol{R}_4^{(2)}$，…，$\boldsymbol{R}_9^{(2)}$分别表示员工忘却学习能力的九个维度（知识管理能力包括知识识别能力、知识转移能力和知识创新能力，组织操作能力包括发现能力、反思能力和执行能力，组织支持辅助能力包括高层领导的承诺和授权、组织文化和员工的教育与培训）的模糊关系矩阵。

（三）员工忘却能力模糊评价

根据模糊关系矩阵以及相应指标权重，可计算得到员工组织忘却能力的一级模糊综合评价结果。

$$\boldsymbol{R}_{知识管理}^{(1)} = \boldsymbol{W} \cdot \boldsymbol{R}_i^{(2)} = \begin{bmatrix} 0.0170 & 0.0516 & 0.2890 & 0.4167 & 0.2257 \\ 0.0207 & 0.0673 & 0.2840 & 0.4332 & 0.1947 \\ 0.0159 & 0.0603 & 0.2775 & 0.4291 & 0.2172 \end{bmatrix}$$

$$\boldsymbol{R}_{操作能力}^{(1)} = \boldsymbol{W} \cdot \boldsymbol{R}_j^{(2)} = \begin{bmatrix} 0.0166 & 0.0559 & 0.2717 & 0.4362 & 0.2197 \\ 0.0252 & 0.1084 & 0.2828 & 0.4211 & 0.1624 \\ 0.0656 & 0.2289 & 0.2997 & 0.2785 & 0.1274 \end{bmatrix}$$

$$\boldsymbol{R}_{支持能力}^{(1)} = \boldsymbol{W} \cdot \boldsymbol{R}_k^{(2)} = \begin{bmatrix} 0.0453 & 0.1927 & 0.3634 & 0.2822 & 0.1164 \\ 0.0113 & 0.0497 & 0.2564 & 0.4218 & 0.2608 \\ 0.0281 & 0.0919 & 0.3264 & 0.3891 & 0.1644 \end{bmatrix}$$

根据一级模糊综合评价结果及相应的权重，可得到员工组织忘却能力二级模糊综合评价结果：

$$B_{知识管理} = W \cdot R^{(1)}_{知识管理}$$

$$= \begin{bmatrix} 0.1 & 0.32 & 0.58 \end{bmatrix} \begin{bmatrix} 0.0170 & 0.0516 & 0.2890 & 0.4167 & 0.2257 \\ 0.0207 & 0.0673 & 0.2840 & 0.4332 & 0.1947 \\ 0.0159 & 0.0603 & 0.2775 & 0.4291 & 0.2172 \end{bmatrix}$$

$$= \begin{bmatrix} 0.0176 & 0.0617 & 0.2807 & 0.4292 & 0.2109 \end{bmatrix}$$

$$B_{操作能力} = W \cdot R^{(1)}_{操作能力}$$

$$= \begin{bmatrix} 0.16 & 0.25 & 0.59 \end{bmatrix} \begin{bmatrix} 0.0166 & 0.0559 & 0.2717 & 0.4362 & 0.2197 \\ 0.0252 & 0.1084 & 0.2828 & 0.4211 & 0.1624 \\ 0.0656 & 0.2289 & 0.2997 & 0.2785 & 0.1274 \end{bmatrix}$$

$$= \begin{bmatrix} 0.0476 & 0.1711 & 0.2910 & 0.3394 & 0.1509 \end{bmatrix}$$

$$B_{支持能力} = W \cdot R^{(1)}_{支持能力}$$

$$= \begin{bmatrix} 0.31 & 0.35 & 0.34 \end{bmatrix} \begin{bmatrix} 0.0453 & 0.1927 & 0.3634 & 0.2822 & 0.1164 \\ 0.0113 & 0.0497 & 0.2564 & 0.4218 & 0.2608 \\ 0.0281 & 0.0919 & 0.3264 & 0.3891 & 0.1644 \end{bmatrix}$$

$$= \begin{bmatrix} 0.0273 & 0.1074 & 0.3101 & 0.3635 & 0.1816 \end{bmatrix}$$

由此，可得二级评价矩阵：

$$R_0 = \begin{bmatrix} 0.0176 & 0.0617 & 0.2807 & 0.4292 & 0.2109 \\ 0.0476 & 0.1711 & 0.2910 & 0.3394 & 0.1509 \\ 0.0273 & 0.1074 & 0.3101 & 0.3635 & 0.1816 \end{bmatrix}$$

根据二级模糊综合评价结果及相应权重，可得员工组织忘却能力三级模糊综合评价结果：

$$\boldsymbol{B} = \boldsymbol{A} \cdot \boldsymbol{R}_0$$

$$= \begin{bmatrix} 0.27 & 0.62 & 0.11 \end{bmatrix} \begin{bmatrix} 0.0176 & 0.0617 & 0.2807 & 0.4292 & 0.2109 \\ 0.0476 & 0.1711 & 0.2910 & 0.3394 & 0.1509 \\ 0.0273 & 0.1074 & 0.3101 & 0.3635 & 0.1816 \end{bmatrix}$$

$$= \begin{bmatrix} 0.0373 & 0.1227 & 0.2603 & 0.3398 & 0.1791 \end{bmatrix}$$

设员工组织忘却能力最高分为 S_h，平均分为 S_m，最低分为 S_l，根据组织忘却能力等级划分说明，对综合评价结果进行量化处理，则

$$S_h = \begin{bmatrix} 0.0373 & 0.1227 & 0.2603 & 0.3398 & 0.1791 \end{bmatrix} \cdot \begin{bmatrix} 59 & 69 & 79 & 89 & 99 \end{bmatrix}^{\mathrm{T}} = 79.207$$

$$S_m = \begin{bmatrix} 0.0373 & 0.1227 & 0.2603 & 0.3398 & 0.1791 \end{bmatrix} \cdot \begin{bmatrix} 55 & 65 & 75 & 85 & 95 \end{bmatrix}^{\mathrm{T}} = 75.45$$

$$S_l = \begin{bmatrix} 0.0373 & 0.1227 & 0.2603 & 0.3398 & 0.1791 \end{bmatrix} \cdot \begin{bmatrix} 50 & 60 & 70 & 80 & 90 \end{bmatrix}^{\mathrm{T}} = 70.754$$

根据三级模糊综合评价结果，3.73%的管理者认为该企业的忘却学习能力等级为"很弱"，12.27%的管理者认为该企业的忘却学习能力"较弱"，26.03%的管理者认为该企业的忘却学习能力"一般"，33.98%的管理者认为该企业的忘却学习能力"较强"，17.91%认为该企业忘却学习能力"很强"。虽然有51.89%的管理者认为企业忘却学习能力为较强和很强，但仍然有近半数的管理者认为组织忘却学习能力处于一般、较弱和很弱的程度，不能满足最大隶属度原则。因此，我们认为 T 公司的组织忘却学习能力为"一般"。

对综合评价的结果进行定量化处理后，该企业忘却能力的最高分为 79.207，最低分为 70.754，平均分为 75.45，位于区间 [70，80)，所以该企业忘却学习能力为"一般"。

根据组织忘却学习能力综合评价结果，可以判断该企业忘却学习能力的知识管理能力（知识识别能力、知识转移能力和知识创新能力），组织操作能力

（发现能力、反思能力和执行能力）和组织支持和辅助能力（高层领导的承诺、组织文化、员工教育培训）的所属等级情况。但知识管理能力较组织操作能力、组织支持和辅助能力的情况较好。例如，组织知识管理能力，1.76% 的管理者认为该企业的知识管理能力等级为"很弱"，6.17% 的管理者认为该企业的知识管理能力为"较弱"，28.07% 的管理者认为该企业的知识管理能力为"一般"，42.92% 的管理者认为该企业的知识管理能力为"较强"，21.09% 认为该企业知识管理能力为"很强"。64.01% 管理者认为企业的知识管理能力为较强以上，而组织操作能力、组织支持和辅助能力中仅有 49.51% 和 54.51% 的管理者认为两种能力在较强以上。总体而言，T 公司的知识管理能力、组织操作能力、组织支持和辅助能力属于"一般"等级。

同理，T 公司的知识识别能力、知识转移能力、知识创新能力、发现能力、反思能力、执行能力、高层领导的承诺、组织文化、员工教育培训的等级均属于"一般"。知识管理方面的三个方面的得分均较低。虽然 T 公司一直在提倡"创新"，引进新知识，但是可能实践中并不能真正地去实施。公司思维模式、知识体系在组织内逐渐固化，并对新知识的引入产生阻碍作用。组织操作能力中，得分最低的是执行能力，这和 T 公司知识管理状况是十分贴合的。尽管组织能够发现公司存在的问题，并能够进行反思，但是在实际的工作中，真正去把固化的知识体系进行修改，引入新知识，是十分困难的事情。在组织支持和辅助能力方面，组织文化的得分较高。我们发现，在 T 公司的文化体系中、价值观念中，随处可见咬定创新不放松，大力倡导"鼓励创新、宽容失败、反对守成"的创新文化和"闻新则喜、闻新则动、以新制胜"的全员创新理念。也就是说，相对于高层领导的承诺、员工的培训和教育而言，组织文化对组织支持能力具有重要的作用。但是，无论从领导角度，还是员工角度，并没有切实地把忘却学习当成一项工作来做。组织的支持能力也属于"一般"等级。

结合组织忘却学习通过创业导向促进竞争优势的概念模型以及对组织忘却学习能力的评价模型，我们得出以下启示。改革开放后中国成长起诸如联想、海尔、华为和中兴通讯等一大批优秀企业。对于 T 公司而言，首先要处理好组织忘却学习。企业在感知到明显的环境威胁时，尽管可能会对资源结构和投资模式进行变革，以期减轻或释放压力；但也会因对未来不确定性的恐惧而强化原有的认知和行为模式，从而导致企业抵制观念和惯例等更深层次的变革。具体解决对策是：

第一，在让企业感知到环境威胁的同时，应为企业的转型升级提供大致的方向和可行的路径。这一点对国有企业转型尤其重要，如果国有企业改革过程中出现对环境威胁的过度担忧或恐惧，反而会强化政府的保护或固守既得利益；但如果具有可预期的目标和可行路径，该过程将会更加容易。

第二，正确地理解公司创业的作用。近年来，随着环境不确定性程度的提高，国家和地方政府均出台了大量鼓励大企业进行创新和创业的政策措施，实施创业导向战略已成为许多成熟期企业应对环境变化的战略选择。在环境相对稳定期内实施创业导向并不能达到预期的作用，可能会演变为组织（退耦）行为（即"说一套，做一套"），表面上积极实施创业导向，但并无实际行动，甚至会强化原有的组织惰性。所以，尽管创业导向战略能够使企业"居安思危"，但真正要达到预期效果，还需辅以必要的措施，如在给大企业（国有企业）提供创业优惠政策的同时，相应地减少或取消对原有业务的扶持或保护措施（如开放市场等），以避免不必要的资源浪费和助长投机行为。

第三，审慎地选择组织忘却学习的时机。创业导向战略的本质在于为企业未来发展寻找新的方向，而环境变化需要组织做出适当调整。创业导向和环境威胁的共同作用有利于促使组织开展忘却学习。因此，管理层要审慎地选择发动组织变革、克服组织惰性的时机。尽管在创业导向驱动下企业有许多新的业务、产品或战略，但这些创业活动在环境稳定期内应以不干扰现有模式的有效运行为宜；而在环境发生明显变化时，企业应对基于创业导向的新业务、新产品或新战略进行选择，并及时果断地实施战略转型。同时，为了确保环境威胁发生时能够及时进行战略转型，还需在环境稳定期就推行创业导向，开展创业活动。所以，在环境稳定期便着手推行创业导向，在环境发生明显变化时着手组织变革，是开展组织忘却学习的有利时机。

第七章　组织忘却学习能力提升策略

提升组织忘却学习能力，能够提高企业知识管理能力，有助于组织对新知识的搜索、利用，并有助于组织开展创新活动，推动组织的可持续发展。要提升组织的忘却学习能力，既需要提升组织的知识管理能力和组织执行能力，还需要提升组织的支持和辅助能力。

第一节　组织知识管理能力提升策略

组织知识管理能力体现在识别能力、转移能力和创新能力方面。识别能力是企业以现有的知识存量为基础，通过一定的手段和方式对外部新知识的识别能力。转移能力是在组织识别到新知识的基础上，将组织外部知识转移到组织内部，同时转移能力也包含将组织内部的无效知识忘却的能力。知识创新能力是组织在将新知识转移到组织内部以后，在知识使用过程中，能够结合企业的实际情况，开展创新的过程。组织知识管理能力的提升是组织忘却学习能力提升的一个重要方面。

一、加强组织柔性

为了应对外部环境的不断变化，组织要求规避原有的组织结构的封闭性、静止性和刚性的劣势，消除系统内部不同层次之间的边界，改变传统的单纯依靠上级协调、服从权力的管理方式，借鉴其他组织形式和管理方式，如扁平化组织、学习型组织、工作团队型组织、虚拟企业、网络化组织，强调对持续变化的内外部环境信息做出灵活而快速的反应。柔性组织既能反映出组织结构的灵活性，又表现为组织知识管理方面能够及时捕捉组织外部的新知识，并对组织内部已有的技术、信息等内容进行反思，进一步提升组织知识管理能力。

组织结构的不断柔性化，信息能力的不断提高，归根结底都是要提高企业的技术创新能力。企业要根据自身的不同发展阶段和特点开发利于自身建设的技术创新方式。在组织结构庞大、机构健全的企业，要想实施渐变创新，就要注重企业管理能力的培养与提高，从而加强对信息的吸收与利用，克服机械式组织层级过多造成的信息失真与对外界变化反应速度慢等缺点；如果想实施突变创新，企业需要进行组织重构和制度设计，建立合理化建议制度和跨部门研发团队，建立基于"二元组织"的独立突破性创新研发部门，建立信息搜寻制度，建立基于互联网的信息交流网络和完善信息定期交流和考核机制，关注领先用户并建立有利于其参与企业创新活动的组织制度。

二、增强组织知识治理

企业在管理实践中，不但要完善组织的正式知识治理，比如健全组织治理结构、优化企业组织架构、完善组织管理制度、创新组织激励机制等，更要从组织非正式知识治理的角度考虑，提升企业的非正式知识治理机制，比如提升组织公平性、培育组织优秀文化、优化组织内部关系网络，并且管理实践要以完善、提升、优化组织非正式知识治理为目标构建企业的正式知识治理机制。通过有效的知识治理活动，能够有效地区别无效知识，或对组织发展产生阻碍性的知识。知识治理行为本身也是一种知识管理能力的提升过程。

在动态的市场竞争环境下，知识资源的有效整合直接决定着组织能力的形成，外部知识的获取对于企业独特能力的形成以及竞争优势的保持都有极为重要的影响作用。组织忘却学习对企业而言，是一种产生新颖而有用的想法的独特能力，外部知识的广泛获取和内部知识的深度整合对提升组织竞争优势有积极的促进作用。

三、加大组织创新

创新是人类特有的认识能力和实践能力，是人类主观能动性的高级表现，是推动民族进步和社会发展的不竭动力。一个民族要想走在时代前列，就一刻也不能没有创新思维，一刻也不能停止各种创新。创新在经济、技术、社会学以及建筑学等领域的研究中举足轻重。

组织创新的实质是组织在原有知识结构基础上，不断吸收外部知识，并与内部知识整合，不断产生新知识和知识的新应用。在吸收外部知识的过程中，组织应根据企业战略目标，主动过滤掉影响企业竞争力的知识。在知识的应用过程中，由于固有的知识形成于过去的环境，能较好地适应过去的环境，但当外部环境发生巨变时，这些知识将会出现不适应新环境的情况。因此组织需要根据动态环境的变化，主动进行忘却学习，及时忘却固有的知识，从而避免产生组织惯性，保证组织变革的顺利进行。通过创新，使得我们的组织可以不断淘汰废旧知识，从而促使组织开展知识管理能力的提升。

第二节 组织操作能力的提升策略

组织操作能力体现在知识管理方面，主要包括发现能力、反思能力和执行能力。发现能力是组织忘却学习能力的重要维度。主要侧重于能够对组织内部无效的、过时的知识的识别发现能力。反思能力是建立在发现能力的基础上，主要考查组织能否对发现的问题进行及时的反思，甄别，思考问题存在的原因，并进行问题的解决方案的考量。执行能力则体现在组织在出现旧知识、新知识的情况下，进行知识遗忘、惯例和信念更新的过程。

一、引进和培训创新人才

随着工业 4.0 和互联网＋时代的到来，全球人才竞争更为激烈。创新型人才，是指富有独创性，具有创造能力，能够提出、解决问题，开创事业新局面，对社会物质文明和精神文明建设做出创造性贡献的人。创新人才在组织内部能够引领新的技术，新的工作方法，并能够发现组织存在的问题，能够用创新思维去考虑问题。组织面对发展时，不仅仅需要引进新知识，采用新方法，还要及时清除陈旧的惯例和理念。创新人才在忘却学习过程中，能够发挥模范作用，更容易接受新知识，并摒弃陈旧知识。因此，引进和培训优秀的创新人才能够有效地提升组织的忘却学习能力，同时也要营造创新文化、根植创新人才、营造创新土壤和环境。环境与文化关系着创新人才对组织忘却学习的认知，并渗透于创新活动的每个环节，是创新思想的凝练和升华。

二、鼓励忘却和创新"两条腿走路"

忘却和创新看似矛盾，实质上是一致的。提升组织忘却能力，不能单靠组织遗忘，同时需要进行惯例和信念更新。忘却的内涵是废旧立新，实施忘却和创新同时进行，"两条腿走路"，能够提升组织忘却学习的效果，也能够提升组织忘却学习的能力。当管理者不能创造良好的组织忘却环境时，组织创新就容易依赖其目前的信念和惯例，从而限制创新。因此，在企业内部不断地自我检查并建立良好的忘却环境，是改变组织惰性和刚性的关键。通过组织忘却，组织能够摆脱旧惯例和旧规范的束缚，加速新理念、新想法、新思路和新产品的产生。

第三节　组织支持辅助能力提升策略

一、领导模范带头，鼓励主动忘却

领导行为模式是引导组织开展忘却学习的重要因素，这些行为包含能够敢于打破常规，废除旧制，主动创新。同时组织的激励也能够激发员工开展主动忘却行为。鼓励员工思考、反思工作流程，鼓励员工改变原有的思维模式和行为方式，提出创新性的想法。

管理思想的革新可以通过开展员工的培训，认识和学习组织忘却学习，从思想上认识到组织忘却学习的重要性，并主动参与组织忘却学习。组织领导是组织忘却活动的倡导者和引领者。作为组织领导应该给予全面的物力、资金等方面的支持，在组织内部营造出积极的管理氛围，引领员工参与组织忘却学习活动，给予足够的工作自主权，将组织学习和组织忘却学习相结合。

二、加强忘却教育，引导快速创新

曾有学者经过观察发现，在企业中引入新的工作方式，并制定了新的规章制度，但是员工仍然按照原有的工作模式开展工作，并认为新的工作方式不如原来的工作方式更有效率。新知识的引入固然重要，真正的实施过程比新知识的引入，新方法的应用更困难。因此在创新的过程中，开展忘却教育必不可少，能够有助于快速创新，提升组织的忘却学习能力。

三、克服组织惰性

第一，企业要重视组织实践中的知识管理，实现旧知识、无用知识的有效遗忘以及新知识的吸收。组织惰性的形成往往来源于组织无法及时清理堆积在组织内部的旧知识，这些旧知识束缚了组织的认知框架、思维模式等。当组织厌恶变革、懒于创新时，管理者大多从变革内容或方式上寻找问题，而没有考虑到真正引起组织惰性的原因可能是潜在知识、技术已经无法满足顾客价值需求，甚至成为阻碍组织进一步发展的绊脚石。因此，当组织外部环境发生变动或组织开展创新时，企业应该及时审视组织已有的技术知识、工作流程是否已经不再符合市场发展的需要，而有效的知识忘却能够促使企业对自身的陈旧知识进行扬弃、整合，提高组织自身的知识资源禀赋。在知识经济时代，是否具有领先的知识是组织获取竞争优势的核心资源，因此合理有效地开展知识忘却，及时更新知识对于组织显得非常重要。第二，在通过忘却学习克服组织惰性的过程中要审慎地选择开展忘却学习、克服组织惰性的时机。众多企业的实践表明创新导向驱动组织不断开展新业务，试用新技术，但这些活动在稳定的环境中才能起到更好的作用，当环境不断发生变化时，组织通过创新开展的新技术可能在不断变化的环境中被淘汰。因此在环境动荡时，组织应该着手改革；在环境稳定时，要及时开展创新。组织忘却活动应恰当地选择合适的时机，才能有效地克服组织惰性，提升组织的支持和辅助能力。

基于前文的理论分析和实证研究，现提出促进组织忘却学习能力的提升策略。包括组织知识管理能力提升策略、组织执行能力提升策略和组织支持能力提升策略。其中，组织知识能力提升策略包含加强组织柔性，加强知识治理和组织创新；组织操作能力策略包含培养创新人才，促进忘却和创新"两条腿走路"；组织支持辅助能力包含领导模范带头，鼓励主动忘却，加强忘却教育，引导快速创新以及克服组织惰性。

第八章　总结和展望

本章主要包括三部分：一是梳理、阐述本研究的主要内容和结论；二是总结研究的贡献和创新之处；三是指出本研究的缺陷或需要进一步改进的地方，并对未来进行展望分析。

第一节　研究结论

忘却学习是组织学习的重要内容，这一内容在 20 世纪 80 年代就已经被提出，虽然相关的研究一直比较平淡，但一直未间断过。相关研究中从个体层面，到团队层面，到组织层面关于忘却学习均有研究。相关研究主要聚焦在对忘却学习的效果方面，也有考量组织忘却学习产生的前因变量。中国学者关于组织忘却学习的研究方面，对于"unlearning"的翻译呈现不同的方式，例如组织忘记、主动组织遗忘、组织忘却情景等多种方式，但内涵是一致的，均指对组织内废旧的、过时的知识进行遗忘的过程。本研究采用组织忘却学习的这一说法，探讨组织忘却学习对组织竞争优势的影响过程，以及探讨组织忘却学习能力的评价指标体系，并在此基础上，提出了提升组织忘却学习能力的策略。

一、组织忘却学习有利于提升竞争优势

实证研究表明，组织忘却学习的组织遗忘、惯例和信念更新对竞争优势具有正向影响。组织忘却学习在组织发展过程中承担着重要的作用。组织的发展过程是弃旧图新的过程，是在不断地抛弃旧的知识，搜索新知识并应用的过程。组织忘却学习通过组织对旧的、阻碍性的知识进行遗忘，通过并吸收新知识对惯例和信念进行更新，促进组织获取竞争优势。

二、组织忘却学习有利于促进创业导向

创业导向可以分为创新和超前行动性、风险承担性。组织忘却学习对创业导向两个方面都具有正向的促进作用。忘却学习与创业导向具有相互对应关系。创业导向的创新和超前行动性表现为企业通过超前创新行为，参与并实现新想法和创新过程的意愿，进而改变组织实施的生产模式和技术，比竞争对手更快地运用新的生产模式、经营手段推出新颖的产品，进而获取竞争优势。通过超前行动进行创新，必须敢于打破原有的思维模式和行为方式，对组织惯例和信念进行变革。相比较组织遗忘，对组织惯例和信念的变革，采用新的营销模式和手段，预测顾客的潜在需求，先于竞争对手占领细分市场，获取市场先动优势，更有利于组织开展创新和超前行动活动。而创业导向的风险承担性指的是

企业愿意在不确定性大的项目或业务上投入更多的资源，需要具有敏锐的洞察力和敢于"吃螃蟹"的决心，可能面临着承担巨大的失败成本，也可能获得巨额收益。相比较对惯例和信念的变革，组织遗忘活动推翻组织原有不合理的规范，废除无用的误导性的知识，激发企业摆脱组织模式的束缚，抓住市场机会，敢于做其他企业不敢做的新事业，占据市场先动优势。

三、创业导向在组织忘却学习与竞争优势关系中承担着中介作用

组织忘却学习既可以直接对竞争优势产生直接的促进作用，同时也可以通过创业导向的中介作用促进竞争优势的获取。创业导向在竞争优势的获取中具有重要的作用，而组织忘却学习可以通过提升组织创业导向，进而对组织竞争优势产生影响。组织实施有效的创新行为、预先行为或承担风险行为，组织就可以凭借新产品、提前行动抢得市场先机，占据市场优势。

四、环境动态性在组织忘却学习与竞争优势中承担着调节作用

创业导向的创新和超前行动性、风险承担性在对竞争优势的影响过程中，对环境的影响作用呈现不同的反映。例如环境动态性在风险承担性与竞争优势的作用中承担着显著的调节作用，而在创新和超前行动性在对竞争优势的影响过程中，环境动态性的调节作用不显著。可能是原因是，创新被誉为组织竞争优势的源泉，无论组织处于何种环境中，创新都是组织生存的关键。组织既需

要通过开发现有资源进行利用式创新，又需要不断搜寻外部资源进行探索式创新。无论市场环境是稳定的，还是动荡的，组织竞争优势的获取都脱离不了创新和超前行动性。相比较而言，创业导向的风险承担性与环境的联系更为密切。环境越动荡，市场给予企业的机遇越多，企业越需要具有敢于冒风险的勇气。在风险承担性和环境动态性共同作用的情况下，企业往往能够发挥组织的敏感性和洞察力，运用组织柔性超前发现创业机会，并将组织的优势结合环境机遇，获取超额利润，促进创业成功。因此环境动态性在风险承担性对竞争优势的影响过程中的调节作用更为明显。

五、组织忘却学习能力由知识管理能力、操作能力和支持能力构成

忘却学习能力是促进组织创新和发展的重要推动力，如何提升组织的忘却学习能力是管理实践和学术界亟须解决的重要课题。以往研究较多的探讨组织学习能力的培育，从组织遗忘角度出发，探讨组织忘却学习能力的研究还未被重视，实际上，组织忘却学习和组织学习一样，在组织发展和创新方面具有关键作用。本研究以组织学习能力的相关文献为依据，根据忘却学习的内涵及忘却学习能力的界定，提出组织忘却学习包括组织知识管理能力，组织操作能力和组织支持能力。

六、提升组织忘却学习能力策略

从组织知识管理能力，组织操作能力和组织支持能力三个方面，提出了促

进组织忘却学习的策略。其中组织知识管理能力提升方面包含加强组织柔性，增强组织知识治理，加大组织创新；组织操作能力方面包含引进和培训创新人才，鼓励忘却和创新"两条腿走路"；组织支持能力方面包含领导模范带头，鼓励主动忘却，加强忘却教育，引导快速创新。

第二节　实践启示

研究发现组织忘却学习对组织创业导向，竞争优势的获取具有重要的影响作用，并且验证了组织创业导向在组织忘却学习和竞争优势之间具有中介作用。加强组织忘却学习对个体和组织都具有重要的实践价值。

一、重视组织忘却学习

在惯性作用的影响下，个体总是习惯保持惯用的工作方式，而不愿意接受新的思维模式和行为方式。很多优秀的企业在面临外部环境发生剧烈变化的情况下，不能及时创新、引进新的技术、转变工作模式而不得不宣告破产退出市场。现在企业之间的相互合作，企业兼并等行为频繁发生，那么在开展合作之前、兼并后，一系列文化融合、技术冲突的事件出现在企业和员工面前，开展有效的忘却学习是非常重要的。对于企业而言，引进新技术、新的工作模式是容易的，而改变组织原有的工作模式则并非易事。组织应该重视忘却学习，把忘却学习提升到与组织学习同样重要的位置上，并真正地应用到企业实践中。

在组织中，无论从领导层到员工层都要给予组织忘却学习足够的重视。领导层应该给予支持，进行授权，允许员工对现有的工作方式、规章制度提出质疑，鼓励建言。同时开展教育和培训，尤其是在大规模的引入新技术，工作模式转变过程中，必要的教育和培训能够较好保证员工及时摒弃旧的行为模式和思维方式，接受新事物。

二、加强人力资本培育

人力资本是企业发展的重要因素，同样在忘却学习中，优秀的人力资本承担着重要的引导和模范带头作用。优秀的人力资本一方面主动参与探索式学习和利用式学习，另一方面在忘却学习中，也敢于打破常规，勇于忘记。而现实中，"出头鸟"总是被排挤，被认为是抢风头。因此，重视人力资本的培育和发展，能够授权给创新人才是保障忘却学习开展的重要因素，也是促进创新的重要推动力。

三、建立忘却学习组织

无论对于高新企业，还是传统的制造业，开展组织忘却学习都是非常重要的。不能很好地忘记就不能很好地学习。建立组织忘却学习组织，加强组织知识管理能力、组织操作能力以及组织的支持辅助能力，促使组织能够有效地进行组织遗忘，并不断引入新知识、新技术，改变原有的惯例和信念，保证组织站在高新技术的前沿。

第三节　局限性和未来展望

一、局限性

研究采用理论分析和实证研究等方法对组织忘却学习对竞争优势的影响效果以及组织忘却学习能力问题进行了探讨。虽然研究在理论分析和实证研究方面遵循科学研究的原则,基本实现了研究目标,并得到了一些有意义的研究结论,但是不可避免还存在一定的缺陷和不足,主要包括以下 3 个方面。

(一)数据采集及样本收集问题

研究采取了横截面设计方法,然而组织忘却学习对于创业导向的形成以及组织竞争优势的提升都是一个较长的过程,未来的研究可以采取纵向设计的方式,来剖析这些变量之间的动态关系。可以采取跟踪研究法,获取相关变量更为系统、全面、动态的数据,研究不同阶段各种变量之间的动态关系及其变化规律。同时在样本抽样方面,主要是通过便利抽样的方式进行问卷的发放和回收。未来研究应该突出样本选择的随机性和代表性,同时尽可能地提升有效问卷的数量。

(二)变量测度方面

研究中采用了李斯特 5 级量表来测度组织忘却学习、创业导向、竞争优势和环境动态性等变量。尽管其信度和效度均达到了统计学要求,但是主观测评方法可能在一定程度上对变量测量造成了一定的误差。相关量表主要参考的是国外学者开发的成熟的量表，这些量表在中国情景下是否适用还需要进行验证。未来研究中可以开发适合中国情景的量表，例如忘却学习的量表，为在国内开展研究提供理论基础和依据。

（三）组织忘却学习能力方面

借鉴了组织学习能力等相关文献，建立了组织忘却学习能力评价指标体系和评价模型。但组织忘却学习能力评价指标体系及其模型可能在系统性、科学性、可操作性等方面存在一定的局限性，在以后研究中需要进一步完善该评价体系指标，并采用多种决策评价方法建立更为合适的评价模型。

二、研究展望

（一）从个体层面视角研究员工忘却学习影响机制

本研究从组织层面探讨了忘却学习的效果和组织忘却学习能力，未来研究可以考虑从个体层面或者团队层面出发探讨忘却学习的效果，也可以将多个层面的忘却学习统一到一个模型里面，采用多层次分析的方法进行研究，这将会更全面、客观地反映失败学习的影响机制，使研究问题更符合客观实际。

（二）从多个角度考查忘却学习效果

本研究从提升竞争优势的角度，考查了忘却学习对创业导向和竞争优势的影响作用。未来研究可以一方面从多个角度考查忘却学习的效果，例如创造力、创造绩效或者战略变革等角度，进一步丰富忘却学习的影响效果研究；另一方面，可以从组织忘却学习的前因变量考虑，探讨忘却学习产生的原因，使忘却学习的研究更全面。

（三）基于多种评价方法建立组织忘却学习能力综合评价模型

现在研究中关于组织忘却学习的效果研究比较丰富，而关于组织忘却学习能力的研究则比较少。本研究在以往研究的基础上，基于层次分析法、熵值法和模糊综合评价法建立了组织忘却学习能力的评价模型。虽然评价模型具有一定的应用价值，但模型的通用性和有效性还有待进一步验证和完善。未来研究可选择多种可能的评价决策方法建立若干评价模型，根据加权分析原理，建立组织忘却学习能力的综合加权评价模型，使评价效果更加符合客观现实。

参考文献

白杨，刘新梅，2013. 组织创造力的形成机理研究 [J]. 软科学，27（6）：25–28.

曹红军，赵剑波，王以华，2009. 动态能力的维度：基于中国企业的实证研究 [J]. 科学学研究，27（1）：36–44.

曹勇，向阳，2014. 企业知识治理、知识共享与员工创新行为：社会资本的中介作用与吸收能力的调节效应 [J]. 科学学研究，32（1）：92–102.

曾萍，邓腾智，宋铁波，2013. 社会资本、动态能力与企业创新关系的实证研究 [J]. 科研管理，34（4）：50–59.

曾萍，宋铁波，2011. 政治关系真的抑制了企业创新吗？——基于组织学习与动态能力视角 [J]. 科学学研究，29（8）：1231–1239.

陈辊，2009. 市场偏执对突破式创新窘境的调节效应验证 [J]. 中国软科学，（4）：140–149.

陈国权，王晓辉，2012. 组织学习与组织绩效：环境动态性的调节作用 [J]. 研究与发展管理，24（1）：52–59.

陈劲，邱嘉铭，沈海华，2007. 技术学习对企业创新绩效的影响因素分析 [J]. 科
　　学学研究，25（6）：1223-1232.

陈钧，郭立强，聂津君，2014. 网络能力、组织隐性知识获取与突破性创新绩效
　　[J]. 科研管理，35（1）：16-24.

陈志军，徐鹏，唐贵瑶，2015. 企业动态能力的形成机制与影响研究——基于环
　　境动态性的调节作用 [J]. 软科学，29（5）：59-62.

董保宝，2012. 网络结构与竞争优势关系研究——基于动态能力中介效应的视角
　　[J]. 管理学报，9（1）：50-56.

董保宝，2014. 风险需要平衡吗：新企业风险承担与绩效倒 U 型关系及创业能
　　力的中介作用 [J]. 管理世界（1）：120-131.

董保宝，葛宝山，王侃，2011. 资源整合过程、动态能力与竞争优势：机理与路
　　径 [J]. 管理世界（3）：92-101.

董保宝，李白杨，2014. 新创企业学习导向、动态能力与竞争优势关系研究 [J].
　　管理学报，11（3）：376-32.

杜海东，严中华，2013. 环境动态性对战略导向与产品创新绩效关系的调节作
　　用——基于珠三角数据的实证研究 [J]. 研究与发展管理，25（6）：27-33.

杜俊义，熊胜绪，王霞，2017. 中小企业动态能力对创新绩效的影响——基于环
　　境动态性的调节效应 [J]. 科技管理研究（1）：25-31.

杜小民，高洋，刘国亮，等，2015. 战略与创业融合新视角下的动态能力研究 [J].
　　外国经济与管理，37（2）：18-28.

樊耘，门一，张婕，2013. 超竞争环境下资源对高管团队即兴能力的影响 [J]. 商
　　业研究（6）：9-18.

冯海龙，2010. 企业战略变革的定义比较、测量述评及量表开发——兼对笔者原有战略变革定义的修订与操作化 [J]. 管理学报，7（4）：499–598.

冯军政，2012. 环境动荡性，动态能力对企业不连续创新的影响作用研究 [D]. 杭州：浙江大学：60–65.

付敬，朱桂龙，2014. 知识源化战略、吸收能力对企业创新绩效产出的影响研究 [J]. 科研管理，35（3）：25–34.

郭爱芳，陈劲，2013. 基于科学经验的学习对企业创新绩效的影响：环境动态性的调节作用 [J]. 科研管理，34（6）：1–8.

郭秋云，2014. 从企业内部资源考察企业竞争力的形成 [J]. 经营与管理（05）：58–60.

郭秋云，李南，菅利荣，2017. 忘却学习对战略变革的影响——基于环境动态性与双元文化的调节作用 [J]. 软科学，31（08）：31–34+38.

郭秋云，李南，菅利荣，2017. 组织忘却情景、即兴能力与突破性创新 [J]. 中国科技论坛（04）：55–61.

郭秋云，李南，菅利荣，等，2017. 失败学习、忘却情景与组织创造力 [J]. 科技进步与对策，34（12）：128–133.

郭秋云，李南，彭灿，2019. 双元领导对战略变革的影响研究——基于组织文化导向视角 [J]. 研究与发展管理，31（01）：142–152.

郭秋云，王文婷，2018. 战略柔性视角下的失败学习与双元创新研究 [J]. 经营与管理（12）：34–36.

郭润萍，蔡莉，2014. 转型经济背景下战略试验、创业能力与新企业竞争优势关系的实证研究 [J]. 外国经济与管理，26（12）：3–12.

郭彤梅，吴孝芹，2015. 企业知识管理绩效评价指标体系研究及其应用——以山西省企业知识管理评价指标体系为例 [J]. 四川大学学报（哲学社会科学版）（03）：103–108.

郭彤梅，吴孝芹，2017. 高新技术企业的知识管理绩效研究及相关建议 [J]. 现代工业经济和信息化，7（18）：65–68.

郭彤梅，吴孝芹，2017. 基于模糊综合评价的知识管理绩效评价研究——以北京市、广东省与山西省的高新技术企业为例 [J]. 国际商务（对外经济贸易大学学报）（02）：153–160.

何会涛，彭纪生，袁勇志，2009. 组织支持感，员工知识共享方式与共享有效性的关系研究 [J]. 科学学与科学技术管理（11）：122–128.

贺小刚，李新春，方海鹰，2006. 动态能力的测量与功效：基于中国经验的实证研究 [J]. 管理世界（3）：94–112.

胡海青，李浩，2015. 加速器支持、环境动态性与瞪羚企业突破式创新 [J]. 科研管理，36（12）：47–55.

贾建锋，赵希男，于秀凤，等，2013. 创业导向有助于提升企业绩效吗——基于创业导向型企业高管胜任特征的中介效应 [J]. 南开管理评论，16（2）：47–56.

简兆权，何紫薇，招丽珠，2009. 基于动态能力的可持续竞争优势研究综述 [J]. 管理学报，6（6）：846–852.

蒋勤峰，田晓明，王重鸣，2008. 企业动态能力测量之实证研究——以 27 家孵化器入孵企业为例 [J]. 科学学研究，26（3）：604–611.

焦豪，2011. 双元型组织竞争优势的构建路径：基于动态能力理论的实证研究 [J]. 管理世界（11）：76–91.

焦豪，魏江，崔瑜，2008. 企业动态能力构建路径分析：基于创业导向和组织学习的视角 [J]. 管理世界（4）：91–106.

李大元，项保华，陈应龙，2009. 企业动态能力及其功效、环境不确定性的影响 [J]. 南开管理评论（6）：60–68.

李桦，彭思喜，2011. 战略柔性、双元性创新和企业绩效 [J]. 管理学报，8（11）：1604–1610.

李妹，高山行，2014. 环境不确定性、组织冗余与原始性创新的关系研究 [J]. 管理评论，26（1）：47–56.

李鹏飞，席酉民，张晓军，等，2014. 管理中的不确定性：一个整合性的多维概念体系 [J]. 管理学报，11（1）：1–7.

李忆，司有和，2008. 探索式创新、利用式创新与绩效：战略和环境的影响 [J]. 南开管理评论，11（5）：4–12.

李正卫，2003. 动态环境条件下的组织学习与企业绩效 [D]. 杭州：浙江大学 .

李梓涵昕，朱桂龙，2016. 忘却学习对突破性创新的影响——基于关系型社会资本与冗余资源的调节作用 [J]. 科学学与科学技术管理，37（6）：43–54.

林萍，2009. 动态能力的测量及作用：来自中国企业的经验数据机 [J]. 中南大学学报（社会科学版），15（4）：534–540.

林亚清，赵曙明，2013. 构建高层管理团队社会网络的人力资源实践、战略柔性与企业绩效：环境不确定性的调节作用 [J]. 南开管理评论，16（2）：4–15.

卢艳秋，赵英鑫，崔月慧，等，2014. 组织忘记与创新绩效：战略柔性的中介作用 [J]. 科研管理，35（3）：58–65.

罗珉，曾涛，周思伟，2005. 企业商业模式创新：基于租金理论的解释 [J]. 中国工业经济（7）：73–81.

马文聪，朱桂龙，2011.环境动态性对技术创新和绩效关系的调节作用 [J].科学学研究，29（3）：454–460.

潘松挺，蔡宁，2010.网络关系强度与组织学习：环境动态性的调节作用 [J].科学决策，（4）：48–54.

彭灿，2008.突破性创新团队及其组建与管理研究 [J].科学学研究，26（4）：832–837.

任志安，2007.超越知识管理：知识治理理论的概念、框架及应用 [J].科研管理，28（1）：20–26

阮国祥，毛荐其，马立强，2015.员工即兴行为对个体创新绩效作用机制的跨层次研究——基于新能源创业企业的实证 [J].中国软科学（1）：108–117.

芮明杰，胡金星，张良森，2005.企业战略转型中组织学习的效用分析 [J].研究与发展管理，17（2）：99–104.

盛黎明，刘强，2013.交互记忆系统、组织记忆、即兴能力与创新绩效的关系研究 [J].管理现代化，（4）：72–74.

束义明，郝振省，2016.高管团队沟通对决策绩效的影响：环境动态性的调节作用 [J].科学学与科学技术管理，36（4）：170–180.

唐健雄，李允尧，黄健柏，等，2012.组织学习对企业战略转型能力的影响研究 [J].管理世界，9：182–183.

万晓榆，金振宇，古志辉，等，2011.企业战略变革为何步履艰难——基于"认知—行为"视角的企业战略变革案例研究 [J].科学学与科学技术管理，32（12）：123–131.

汪丽，茅宁，龙静，2012.管理者决策偏好、环境不确定性与创新强度：基于中国企业的实证研究 [J].科学学研究，30（7）：1102–1118.

王雎，2009.开放式创新下的知识治理：基于认知视角的跨案例研究 [J].南开管理评论，12（3）：45 –53

王莉，2008.动态环境下企业网络、组织学习和企业绩效关系研究 [D].山东：山东大学.

王永伟，马洁，2011.基于组织惯例、行业惯例视角的企业技术创新选择研究 [J].南开管理评论，14（3）：85–90.

王永伟，马洁，吴湘繁，等，2012.变革型领导行为、组织学习倾向与组织惯例更新的关系研究 [J].管理世界（9）：110–119.

温忠麟，侯杰泰，张雷，2005.调节效应与中介效应的比较和应用 [J].心理学报，37（2）：268–274.

温忠麟，张雷，侯泰杰，2004.中介效应检验程序及其应用 [J].心理学报，36：614–620.

吴东，裴颖，2010.团队即兴能力与创新绩效的关系研究 [J].科学管理研究，28（6）：23–27.

谢洪明，2005.市场导向与组织绩效的关系——环境与组织学习的影响 [J].南开管理评论（3）：47–53.

许彦妮，顾琴轩，2014.二元文化与组织创造力：基于组织结构权变视角，第三届中国人力资源管理论坛会议论文集.南京：中国管理学会：229–243.

尹苗苗，马艳丽，2014.不同环境下新创企业资源整合与绩效关系研究 [J].科研管理，35（8）：110–116.

韵江，王文敬，2015.组织记忆、即兴能力与战略变革 [J].南开管理评论，18（4）：36–46.

张德，2009.企业文化建设 [M].北京：清华大学出版社.

张江甫，顾新，2016. 基于动态能力的企业知识流动：理论模型与实证研究 [J].
　　情报科学（4）：133–137.

张庆垒，刘春林，施建军，2014. 动荡环境下技术多元化与企业绩效关系 [J]. 管
　　理学报，11（12）：1818–1825.

张韬，2009. 基于吸收能力的创新能力与竞争优势关系研究 [J]. 科学学研究，27
　　（3）：445–452.

张骁，胡丽娜，2013. 创业导向对企业绩效影响关系的边界条件研究——基于元
　　分析技术的探索 [J]. 管理世界（6）：99–110.

张小林，裘颖，2010. 即兴能力理论研究综述 [J]. 科技进步与对策，23（27）：
　　156–160.

张晓军，席酉民，谢言，等，2010. 基于和谐管理理论的企业动态能力研究 [J].
　　管理科学学报，13（4）：1–11.

张玉利，曲阳，云乐鑫，2014. 基于中国情境的管理学研究与创业研究主题总结
　　[J]. 外国经济与管理，36（1）：65–72.

赵兴庐，徐酸辉，张建琦，2017. 动态能力影响企业绩效的路径建模研究——不
　　同动荡环境的对比分析 [J]. 技术经济与管理研究（1）：3–7.

郑刚，颜宏亮，王斌，2007. 动态能力的构成维度及特征研究机 . 科技进步与对
　　策（3）：90–93.

钟国梁,2009. 基于信息技术能力的企业动态能力构建研制 [J]. 四川大学学报（哲
　　学社会科学版）（1）：131–135.

朱雪春，陈万明，2014. 知识治理、失败学习与低成本利用式创新和低成本探索
　　式创新 [J]. 科学学与科学技术管理（9）：78–86.

AIKEN L S, WEST S G, RENO R R, 1991. Multiple regression : testing and interpreting interactions [M]. London : Sage.

AKGÜN A E, LYNN G S, TSANG E W, 2006.Antecedents and consequences of unlearning in new product development teams [J]. Journal of Product Innovation Management, 23（1）: 73–88.

AKGÜN E, BYRNE J C, LYNNG K H, 2007. New product development in turbulent environments : impact of improvisation and unlearning on new product performance [J]. Journal of Engineering and Technology Management, 24（4）: 203–230.

ANDERSON P, 1999. Complexity theory and organization science [J]. Organization Science, 10（3）: 216–232.

ATUAHENE G K, 2005. Resolving the capability-rigidity paradox in new product innovation [J]. Journal of Marketing, 69（4）: 61–83.

AZADEGAN A, PATEL P C, ZANGOUEINEZHAD A, et al, 2013. The effect of environmental complexity and environmental dynamism on lean practices [J]. Journal of Operations Management, 31（4）: 193–212.

BALOGUN J, HAILEY H, 2004. Exploring Strategic Change [M]. 2nd ed. New York : Pearson Education Limited.

BARKER V L, DUHAIME I M, 1997. Strategic change in the turnaround process : theory and empirical evidence [J]. Strategic Management Journal, 18（1）: 13–38.

BARON R M, KENNY D A, 1986. The moderator-mediator variable distinction in social psychological research : conceptual, strategic and statistical considerations [J]. Journal of Personality and Social Psychology, 51（6）: 1173–1182.

BECKER K, 2005. Individual and organizational unlearning : directions for future research [J]. International Journal of Organizational Behaviou, 9 (7): 659–670.

BROWN S L, EISENHARDT K M, 1995. Product development : past research, present finding, and future directions [J]. Academy of Management Review, 6(2): 343–378.

BROWN S L, EISENHARDT K M, 1998. Competin on the edge : strategy as structured chaos [M]. Harvard Business School Press.

CAO Q, GEDAJLOVIC E, ZHANG H, 2009. Unpacking organizational ambidexterity : dimensions, contingenies, and synergistic effects [J]. Organization Science, 20 (4): 781–796.

CARRION G, NAVARRO J G, JIMENEZ D, 2012. The effect of absorptive capacity on innovativeness : context and information systems capability as catalysts [J]. British Journal of Management, 23 : 110–129.

CHRISTENSEN C M, 2013. The innovator's dilemma : when new technologies cause great firms to fail [M]. Harvard Business Review Press.

COVIN J G, GREEN K M, SLEVIN D P, 2006. Strategic process effects on the entrepreneurial orientation-sales growth rate relationship [J]. Entrepreneurship Theory and Practice, 30 (1): 57–81.

COVIN J G, LUMPKIN G T, 2011. Entrepreneurial orientation theory and research : reflections on a needed construct [J]. Entrepreneurship Theory & Practice, 35 (5): 855–872.

CROSSAN M M, APAYDIN M, 2010. A multi-dimensional framework of organizational innovation : a systematic review of the literature [J]. Journal of

Management Studies，47（6）：1154–1191.

CROSSAN M，CUNHA M P，VERA D，2005.et al. Time and organizational improvisation [J]. Academy of Management Review，30（1）：129–145.

CUNHA M P，CUNHA V J，KAMOCHE K，1999. Organizational improvisaton：what，when，how and why [J]. International Journal of Management Review，1(3)：299–341.

DAVID N G，HARTMANN F，VICTOR S，2008. Top management team heterogeneity. strategic change and operational performance [J]. British Journal of Management，（19）：222–234.

DEVELLIS R F，1991. Scale development theory and applications [M]. London：SAGE Pubishcation.

DEWAR R D，DUTTON J E，1984. The adoption of radical and incremental innovations：an empirical analysis [J]. Management Science，30：682–696.

DICKSON P R，1992. Toward a general theory of competitive rationality [J]. The Journal of Marketing，5（6）：69–83.

DIERICKX L，COOL K，1989. Asset stock accumulation and austainability of competitive advantage [J]. Management Science，35（12）：1504–1511.

FACCIO M，MARCHICA M T，MURA R，2016. CEO gender，corporate risk-taking，and the efficiency of capital allocation [J]. Journal of Corporate Finance（39）：193–209.

FOMBRUN C J，1985. Envisioning strategic change [J]. Grenwich，CT：JAI Press（9）：157–188.

FRANCIS J，SMITH A，1995. Agency costs and innovation some empirical evidence [J]. Journal of Accounting and Economics, 19（2）: 383–409.

GRANT R M, 1991. The Resource-based Theory of competitive advantage : implications for strategy formulation[J]. California Management Review, 33（3）: 3–23.

GRANT R M, 1996. Toward a knowledge-based theory of the firm [J]. Strategic Management Journal,（17）: 109–122.

HEDBERG B, NYSTROM P, STARBUCK W H, 1981. How organizations learn and unlearn [M]. Handbook of Organizational Design.

HOLAN P M, PHILLIPS N, 2004. The remembrance of things past? The dynamics of organizational forgetting [J]. Management Science, 50（11）: 1603–1613.

HUTCHINS E, 1991. Organizing work by adaptation [J]. Organization Science, 2（1）: 14–39.

IRELAND R D, 2009. Conceptualizing corporate entrepreneurship strategy [J]. Entrepreneurship Theory & Practice, 33（1）: 19–46.

JANSEN J P, BOSCH V D, VOLBERDA H W, 2006. Exploratory innovation, exploitative innovation, and performance : effects of organizational antecedents and environmental moderators [J]. Management Science, 52（11）: 1661–1674.

JAS P, 2005. Performance decline and turnaround in public organizations : a theoretical and empirical ananlysis [J]. British Journal of Management（16）: 195–210.

KEATS B W, HITT M, 1988. A model of linkages among environmental dimensions, macro organizational characteristics and performance [J]. Academy of management Journal, 31（3）: 570–598.

KLEIN J I，1989.Parenthetic learning in organizations：toward the unlearning of unlearning model [J]. Journal of Management Studies，26（3）：291–308.

KNIGHT G A，1997. Cross-cultural reliability and validity of a scale to measure firm entrepreneurial orientation [J]. Journal of Business Venturing，12（3）：213–225.

LEWIN A Y，1999. Application of complexity theory to organization science [J]. Organization Science，10（3）：215.

LEWIN K，1951. Field Theory in social science [M]. New York: Harper.

LUMPKIN G T，WALES W J，ENSLEY M D，2006. Entrepreneurial orientation effects on new venture performance：the moderating role of venture age [J]. Academy of Management Annual Meeting Proceedings（1）：N1–N6.

MA H，2000. Competitive advantage and firm performance [J]. Competitiveness Review An International Business Journal Incorporating Journal of Global Competitiveness，10（2），15–32.

MILLER D，1983a. The correlates of entrepreneurship in three types of firms [J]. Management Science，29（7）：770–791.

MILLER D，FRIESEN P H，1983b. Strategy-making and environment：the third link [J]. Strategic Management Journal，4（3）：221–235.

MINER A S，BASSOFF P，MOORMAN C，2001. Organizational improvisation and learning：a field study [J].Administrative Science Quarterly，46（2），304–337.

MOORMAN C，MINER A S，1997. The impact of organizational memory on new product performance and creativity [J]. Journal of Marketing Research，22（8）：91–106.

MOORMAN C, MINER S A, 1998. The convergence of planning and execution : improvisation in new product development [J]. The Journal of Marketing, 62（3）: 1–20.

NAVARRO J G, RODRIGO-MOYA B, 2005. Business performance management and unlearning process [J]. Knowledge and process Management, 12（3）: 161–171.

PAUL V, ANTON F, 2002. The five dimensions of change : an integrated approach to strategic organizational change management [J]. Strategic Change（11）: 35–42.

PODSAKOFF P M, ORGAN D W, 1986. Self-reports in organizational research : problems and prospects [J]. Journal of Management, 12（4）: 531–544.

RAISCH S, BIRKINSHAW J, 2008. Organizational ambidexterity : antecedents, outcomes, and moderators [J]. Journal of Management, 34（3）: 375–409.

SCHEPERS J, SCHNELL R, VROOM P, 1999. From idea to business—how siemens bridges the innovation gap [J]. Research-Technology Management, 42（3）: 26–31.

SEHAM A E, 2001. Whose Improve is it anyway? Beyond second city [M]. Univ Press of Mississippi.

SINKULA J M, 1992. Market information processing and organizational learning [J]. The Journal of Marketing, 5（6）: 69–83.

SPANN M S, ADAMS M, WORTMAN M S, 1988. Entrepreneurship : definitions, dimensions, and dilemmas [J]. Proceedings of the US Association for Small Business and Entrepreneurship（1）: 147–153.

STARBUCK W H, 1996. Unlearning ineffective or obsolete technologies [J]. International Journal of Technology Management, 11（7–8）: 725–737.

TEECE D J, PISANO G, SHUEN A, 1997. Dynamic capabilities and strategic management [J]. Strategic Management Journal: 509–533.

TJOSVOLD D, TANG M L, WEST M, 2004. Resxivity for team innovation in China [J]. Group and Organization Management, 29（5）: 540–559.

TSANG E W, ZAHRA S A, 2008. Organizational unlearning [J]. Human Relations, 61（10）: 1435–1462.

TSANG E W, 2008. Transferring knowledge to acquisition joint ventures: an organizational unlearning perspective [J]. Management Learning, 39（1）: 5–20.

TSANG E W, 2017. How the concept of organizational unlearning contributes to studies of learning organizations: a personal reflection [J]. The Learning Organization, 24（1）: 39–48.

VERA D, CROSSAN M, 2005. Improvisation and innovative performance in teams [J].Organization Science, 16（3）: 203–224.

WALSH J P, UNGSON G R, 1991. Organizational memory [J]. Academy of Management Review, 15（3）: 57–91.

WEICK K E, 1989. Organized improvisation: 20 years of organizing [J]. Communication Studies, 40（4）: 241–248.

YANG K P, CHOU C, CHIU Y J, 2014. How unlearning affects radical innovation: the dynamics of social capital and slack resources [J]. Technological Forecasting and Social Change（87）: 152–163.

ZAHRA S A, SAPIENZA H J, DAVIDSSON P, 2006. Entrepreneurship and dynamic capabilities : a review, model and research agenda [J]. Journal of Management Studies, 43（4）: 917–955.

附　录

附录1　关于组织忘却学习效果调查问卷

致敬启者：

　　您好！感谢您花时间和精力来填答这份问卷。本调查仅作为学术研究之用，不会用于任何形式的个人评价和商业目的，并严格保密。本调查不是测验，答案没有对错之分，研究结果的可靠性取决于您是否表达了真实想法，因此我们恳请您能认真填答每一个问题。

　　非常感谢您的帮助，祝您和家人身体安康，万事如意！

第一部分：个人及企业基本信息

填写说明：请您如实填写本人所在企业基本信息，在相应的选项前打"√"。

1.公司成立年限

　　A. 10 年以下　　　　B. 11~15 年　　　　C. 16~20 年　　　　D. 20 年以上

2. 企业人数

    A. 50 人以下   B. 51~100 人   C. 101~500 人   D. 500 人以上

3. 企业性质

    A. 国有企业   B. 私有企业   C. 外资企业

4. 您的工作年限

    A. 5 年以下   B. 6~10 年   C. 11~15 年   D. 16~20 年

    E. 20 年以上

5. 贵公司所在的行业

    A. 高科技行业   B. 传统行业

第二部分：组织忘却学习

填写说明：以下是关于组织忘却学习的测度，请根据您自己的体会，在表格内每个项目相应的数字上打"√"，表达您的认同度。

1	2	3	4	5	6	7
非常不同意	基本不同意	不同意	不同意也不反对	同意	基本同意	非常同意

组织遗忘

我们企业根据外界环境的变化，改变新产品的开发	1 2 3 4 5 6 7
我们企业能够根据环境的变化，改变其内部的信息共享机制程序	1 2 3 4 5 6 7
我们企业能够不断优化其团队决策流程	1 2 3 4 5 6 7

惯例和信念变革

我们企业能够不断地调整旧惯例和旧流程以适应新的变化	1　2　3　4　5　6　7
我们企业能够为信念和惯例的改变提供良好的环境	1　2　3　4　5　6　7
我们企业会引入和以前公认的经验及技能相冲突的新知识	1　2　3　4　5　6　7
我们企业乐意从不同途径获取新技术	1　2　3　4　5　6　7

第三部分：创业导向

填写说明：以下是关于创业导向的测度，请根据您自己的体会，在表格内每个项目相应的数字上打"√"，表达您的认同度。

1	2	3	4	5	6	7
非常不同意	基本不同意	不同意	不同意也不反对	同意	基本同意	非常同意

创业导向

创新和超前行动性

我们通常主动挑战竞争对手，而不是被动响应竞争对手	1　2　3　4　5　6　7
我们通常采取大胆的战略行动，而不是细微的战略调整	1　2　3　4　5　6　7
与短期研发项目相比，我们在长期项目（大于 3 年）上投入更多	1　2　3　4　5　6　7
在本行业中，我们通常是率先推出新产品的公司之一	1　2　3　4　5　6　7

风险承担性

我们鼓励冒险精神	1　2　3　4　5　6　7
接受高风险的商业项目	1　2　3　4　5　6　7
通常实施那些已被证明可行的办法	1　2　3　4　5　6　7

第四部分：竞争优势

填写说明：以下是关于竞争优势的测度，请根据您自己的体会，在表格内每个项目相应的数字上打"√"，表达您的认同度。

1	2	3	4	5	6	7
非常不同意	基本不同意	不同意	不同意也不反对	同意	基本同意	非常同意

竞争优势

与行业竞争对手相比，我们企业能以较低的成本为客户提供产品或服务	1 2 3 4 5 6 7
与行业竞争对手相比，我们企业能为客户提供多功能、高性能的产品或服务	1 2 3 4 5 6 7
与行业竞争对手相比，我们企业能以更加快速、有效的方式执行操作流程	1 2 3 4 5 6 7
我们企业能灵活地适应快速变化的市场并比对手更快地做出反应	1 2 3 4 5 6 7
与行业竞争对手相比，我们企业更加重视客户的需求	1 2 3 4 5 6 7
与行业竞争对手相比，我们企业的市场份额增长更快	1 2 3 4 5 6 7

第五部分：环境动态性

填写说明：以下是关于环境动态性的测度，请根据您自己的体会，在表格内每个项目相应的数字上打"√"，表达您的认同度。

1	2	3	4	5	6	7
非常不同意	基本不同意	不同意	不同意 也不反对	同意	基本同意	非常同意

环境动态性

我们企业所在行业的核心产品换代速度很快	1　2　3　4　5　6　7
我们企业所在行业内技术变革的速度很快	1　2　3　4　5　6　7
我们企业营销策略更换速度很快	1　2　3　4　5　6　7
我们企业主要竞争对手的市场活动变得越来越难以预测	1　2　3　4　5　6　7
市场上顾客需求越来越难以预测	1　2　3　4　5　6　7

附录 2 关于组织忘却学习能力调查问卷

致敬启者：

您好！感谢您花时间和精力来填答这份问卷。本调查仅作为学术研究之用，不会用于任何形式的个人评价和商业目的，并严格保密。本调查不是测验，答案没有对错之分，研究结果的可靠性取决于您是否表达了真实想法，因此我们恳请您能认真填答每一个问题。

非常感谢您的帮助，祝您和家人身体安康，万事如意！

第一部分：基本信息

填写说明：请您如实填写本人及所在企业基本信息，在相应的选项前打"√"。

1.性别

  A.男   B.女

2.年龄

    A. 25 岁以下   B. 26~30 岁   C. 31~40 岁   D. 40 岁以上

3.学历

    A. 大专以下   B. 大专   C. 本科   D. 硕士研究生

    E. 博士研究生

4.您从事的具体工作（职责）

    A. 生产经营   B. 金融会计   C. 人力资源   D. 市场开发

    E. 技术开发   F. 其他

5.您的职位

    A. 一般员工   B. 基层管理者

    C. 中层管理者   D. 高级管理者

第二部分：知识管理能力

填写说明：以下是关于知识管理能力的测度，请根据您自己的体会，在表格内每个项目相应的数字上打"√"，表达您的认同度。

1	2	3	4	5
非常不同意	不同意	不确定	同意	非常认同

知识识别能力

善于对组织经营提出质疑	1　2　3　4　5
能够发现组织存在的问题	1　2　3　4　5
能够发现组织内外的机遇和挑战	1　2　3　4　5

知识转移能力

知识传递的有效性	1　2　3　4　5
错误和失败在组织各个层次中被分析和讨论的频度	1　2　3　4　5
组织成员有机会交流对组织有利的新观念、程序和行为	1　2　3　4　5

知识创新能力

将新观念带入组织的程度	1　2　3　4　5
对现行做事方式敢于质疑的勇气	1　2　3　4　5
创新性的观点能否经常受到管理层的表扬和奖励	1　2　3　4　5

第三部分：组织操作能力

填写说明：以下是关于组织操作能力的测度，请根据您自己的体会，在表格内每个项目相应的数字上打"√"，表达您的认同度。

1	2	3	4	5
非常不同意	不同意	不确定	同意	非常认同

组织操作能力

发现能力

具有知识搜索能力	1　2　3　4　5
具有知识吸收能力	1　2　3　4　5
具有知识应用能力	1　2　3　4　5

反思能力

具有总结经验和反思能力	1　2　3　4　5
在以往发生的事情中探索出规律性知识	1　2　3　4　5
对以往工作进行反思、总结经验和教训	1　2　3　4　5

执行能力

能将工作上的想法（目标）转化成具体行动	1　2　3　4　5
能将工作的计划有效贯彻执行	1　2　3　4　5
能将工作上的想法最终变成现实	1　2　3　4　5

第四部分：组织支持辅助能力

填写说明：以下是关于组织支持辅助能力的测度，请根据您自己的体会，在表格内每个项目相应的数字上打"√"，表达您的认同度。

1	2	3	4	5
非常不同意	不同意	不确定	同意	非常认同

组织支持辅助能力

高层领导的承诺和授权

高层管理者对变革与风险的接受态度	1　2　3　4　5
高层管理者与员工在共同愿景上的吻合度	1　2　3　4　5
管理者在重要决策上吸收员工的参与度	1　2　3　4　5

组织文化

高层管理者与员工之间的平等性	1 2 3 4 5
成员之间的坦诚与信任程度	1 2 3 4 5
成员具有危机感与变革意识	1 2 3 4 5

员工的教育与培训

组织对员工教育理念的先进性	1 2 3 4 5
教育活动的经常性和多样性	1 2 3 4 5
对新技术与知识培训的及时性	1 2 3 4 5

附录 3 描述统计量表

组织忘却学习描述性统计表

变量	编号	均值		标准差	偏度		峰度	
		统计量	标准误	统计量	统计量	标准误	统计量	标准误
组织忘却学习	UN1	5.09	0.075	1.212	−0.739	0.15	1.149	0.299
	UN2	5.26	0.070	1.143	−0.721	0.15	1.399	0.299
	UN3	5.26	0.073	1.177	−0.650	0.15	0.879	0.299
	UN4	5.37	0.070	1.134	−0.864	0.15	1.471	0.299
	UN5	5.44	0.072	1.174	−0.865	0.15	1.405	0.299
	UN6	5.13	0.075	1.219	−0.657	0.15	0.715	0.299
	UN7	5.40	0.075	1.209	−0.824	0.15	1.151	0.299

创业导向描述性统计表

变量	编号	均值		标准差	偏度		峰度	
		统计量	标准误	统计量	统计量	标准误	统计量	标准误
创业导向	E01	4.60	0.085	1.383	−0.171	0.15	−0.624	0.299
	E02	4.70	0.083	1.342	−0.175	0.15	−0.545	0.299
	E03	4.71	0.079	1.284	−0.360	0.15	−0.025	0.299
	E04	5.00	0.080	1.290	−0.333	0.15	−0.305	0.299
	E05	4.93	0.079	1.282	−0.375	0.15	−0.221	0.299
	E06	4.34	0.089	1.437	−0.182	0.15	−0.534	0.299

环境动态性描述性统计表

变量	编号	均值		标准差	偏度		峰度	
		统计量	标准误	统计量	统计量	标准误	统计量	标准误
环境动态性	ED1	4.88	0.077	1.250	−0.732	0.15	0.459	0.299
	ED2	4.64	0.079	1.279	−0.509	0.15	−0.321	0.299
	ED3	4.79	0.089	1.440	−0.370	0.15	−0.592	0.299
	ED4	4.71	0.084	1.359	−0.382	0.15	−0.675	0.299
	ED5	4.44	0.088	1.424	−0.076	0.15	−0.837	0.299
	ED6	4.44	0.091	1.484	−0.061	0.15	−0.986	0.299

竞争优势描述性统计表

变量	编号	均值		标准差	偏度		峰度	
		统计量	标准误	统计量	统计量	标准误	统计量	标准误
竞争优势	CA1	4.82	0.083	1.352	−0.353	0.15	−0.333	0.299
	CA2	5.24	0.076	1.225	−0.572	0.15	0.198	0.299
	CA3	5.35	0.071	1.149	−0.609	0.15	0.651	0.299
	CA4	5.27	0.073	1.188	−0.577	0.15	0.598	0.299
	CA5	5.46	0.076	1.225	−0.576	0.15	0.279	0.299
	CA6	5.06	0.079	1.278	−0.428	0.15	0.167	0.299